2022年主题出版重点出版物

"独龙江样本"
——人类减贫史上的奇迹

韩 博◎著

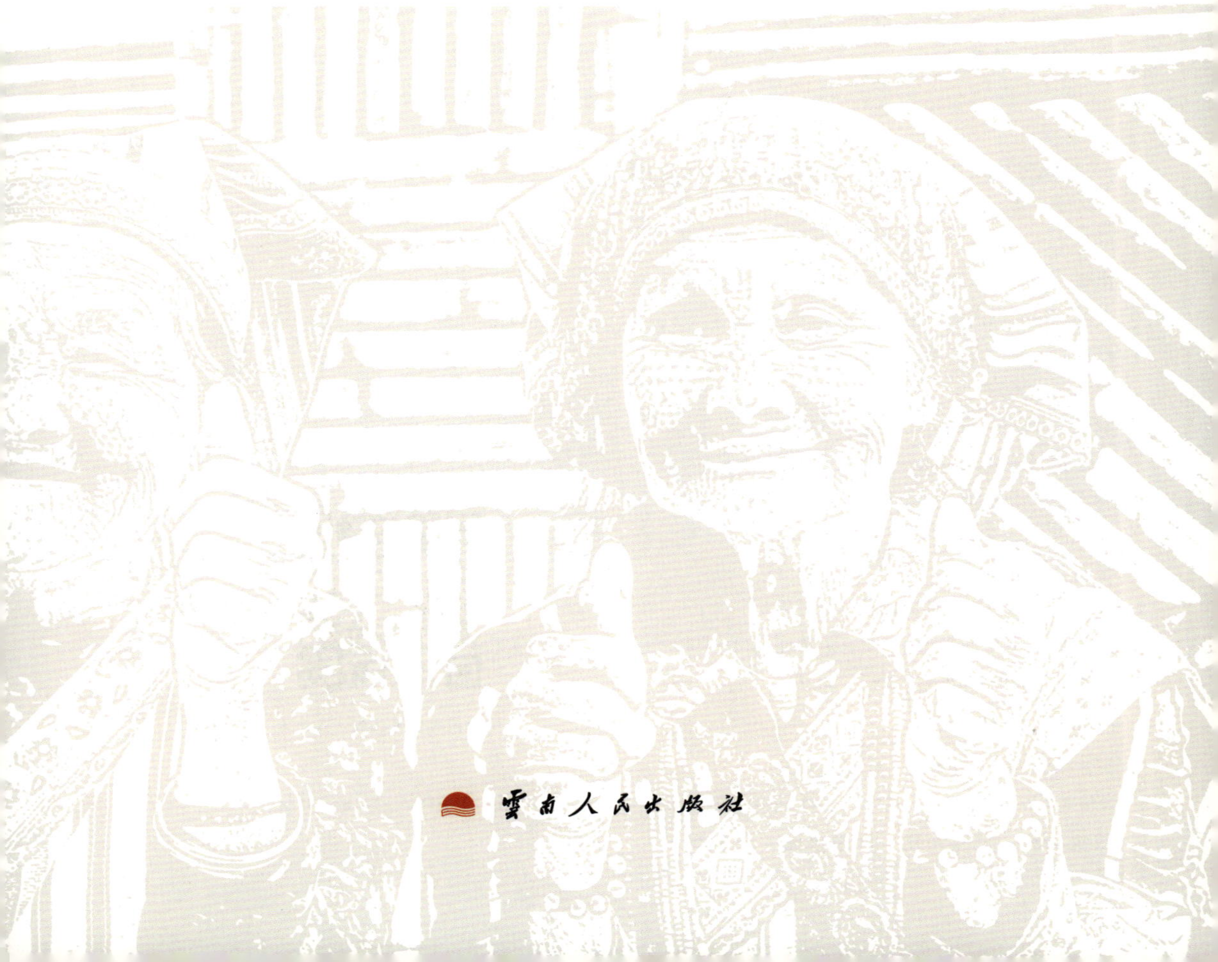

云南人民出版社

图书在版编目（CIP）数据

"独龙江样本"：人类减贫史上的奇迹 / 韩博著
.-- 昆明：云南人民出版社，2022.12
 ISBN 978-7-222-21593-1

Ⅰ．①独… Ⅱ．①韩… Ⅲ．①独龙族－民族聚居区－扶贫－研究－云南 Ⅳ．①F127.74

中国国家版本馆CIP数据核字(2023)第020348号

项目策划：赵石定
责任编辑：高　照
责任校对：王以富　陈　锴
封面设计：马　滨
版式设计：昆明昊谷文化传播有限公司
责任印制：李寒东

"独龙江样本"——人类减贫史上的奇迹
韩博　著

出版	云南人民出版社
发行	云南人民出版社
社址	昆明市环城西路609号
邮编	650034
网址	www.ynpph.com.cn
E-mail	ynrms@sina.com
开本	720mm×1010mm　1 / 16
印张	22.5
字数	272千
版次	2022年12月第1版第1次印刷
印刷	云南出版印刷集团有限责任公司华印分公司
书号	ISBN 978-7-222-21593-1
定价	88.00元

云南人民出版社微信公众号

如需购买图书、反馈意见，请与我社联系
总编室：0871-64109126　编辑部：0871-64199971　审校部：0871-64164626　印制部：0871-64191534

版权所有　侵权必究　印装差错　负责调换

2014年元旦前夕，贡山独龙族怒族自治县干部群众致信习近平总书记，汇报了当地经济社会发展和人民生活改善情况，重点报告了期盼多年的高黎贡山独龙江公路隧道即将贯通的喜讯。

尊敬的习总书记：

您好！

独龙族是从原始社会直接过渡到社会主义社会的人口较少民族。新中国成立以来，党中央、国务院，省委、省政府及各级党委政府高度重视独龙族的发展进步，特别是通过独龙江乡整乡推进独龙族整族帮扶项目实施，独龙族唯一聚居区独龙江乡全乡的基础设施得到了明显改善，群众生产生活水平大幅度提高。2014年4—5月，县城至独龙江乡公路隧道即将开通，这标志着全国56个民族之一独龙族同胞祖祖辈辈大雪封山半年的历史结束，独龙族同胞有望早日实现与全国其他民族兄弟一道过上小康生活的"中国梦"。

独龙江公路是独龙族与外界联系、沟通的唯一通道，是独龙族同胞生产生活和发展的命脉，尤其是公路中途的41公里至63公里的隧道（全长6.68公里）是整条公路喉舌，现隧道即将开通，根据独龙族同胞的共同期盼，呈请习总书记为隧道命名并予题词"高黎贡山独龙江公路隧道"为谢！

　　高德荣等5位同志代表4000多独龙族同胞永远感谢习总书记、永远感谢共产党、永远听共产党的话、永远跟着共产党走！

贡山独龙族怒族自治县原任县长高德荣（独龙族）
贡山独龙族怒族自治县现任县委书记娜阿塔（傈僳族）
贡山独龙族怒族自治县现任县长马正山（独龙族）
贡山独龙族怒族自治县独龙江乡现任党委书记和国雄（白族）
贡山独龙族怒族自治县独龙江乡现任乡长李永祥（独龙族）

收到来信后,中共中央总书记、国家主席、中央军委主席习近平立即作出重要批示。

获悉高黎贡山独龙江公路隧道即将贯通,十分高兴,谨向独龙族的乡亲们表示祝贺!独龙族群众居住生活条件比较艰苦,我一直惦念着你们的生产生活情况。希望你们在地方党委和政府的领导下,在社会各界的帮助下,以积极向上的心态迎战各种困难,顺应自然规律,科学组织和安排生产生活,加快脱贫致富步伐,早日实现与全国其他兄弟民族一道过上小康生活的美好梦想。

2015年1月，习近平总书记在云南考察期间，专门接见了贡山县少数民族干部群众代表，并指出："在全面建成小康社会的进程中，一个兄弟民族都不能落伍，一个贫困地区都不能掉队。"

习近平总书记对大家说："我今天特别高兴，能够在这里同贡山独龙族怒族自治县的代表们见面。独龙族这个名字是周总理起的，虽然只有6900多人，人口不多，也是中华民族大家庭平等的一员，在中华人民共和国、中华民族大家庭之中骄傲地、有尊严地生活着，在中国共产党领导下，同各民族人民一起努力工作，为全面建成小康社会的目标奋斗。"

他接着表示："你们生活在边境地区、高山地带，又是贫困地区，在新中国成立以前生活在原始状态里。新中国成立后，在党和政府关心下，独龙族从原始社会迈入社会主义，实现了第一次跨越。新世纪以来，我们又有了第二次跨越：同各族人民共同迈向小康。这个过程中，党和政府、全国各族人民会一如既往关心、支持、帮助独龙族。"

习近平总书记指出，独龙族和其他一些少数民族的沧桑巨变，证明了中国特色社会主义制度的优越性。前面的任务还很艰巨，我们要继续发挥我国制度的优越性，继续把工作做好、事情办好。全面实现小康，一个民族都不能少。

独龙族老县长高德荣就坐在习近平总书记身边。习近平总书记亲切地对高德荣说，您是时代楷模，不仅是独龙族带头人，也是全国的一面旗帜。有你们带动，独龙江乡今后一定会发展得更好。

稍微停顿，习近平总书记接着说："我来见大家，就是鼓励你们再接再厉，也是给全国各族人民看：中国共产党关心各民族的发展建设，全国各族人民要共同努力、共同奋斗，共同奔向全面小康。"

2019年2月27日，受独龙族群众委托，独龙江乡党委以书信的形式向习近平总书记报告了独龙江乡近几年来取得的跨越式发展和独龙族整族脱贫的喜讯。

敬爱的习近平总书记：

我们怀着感恩和无比激动的心情向您报告，在党的政策光辉照耀下，我们独龙江乡6个行政村都已经达到了脱贫出列标准，实现整族脱贫。2018年，全乡农民人均纯收入达到6122元，比2014年增长1.42倍。现在独龙族群众日子一年过得比一年好，我们对与全国其他兄弟民族一道过上小康生活，信心更加坚定了。

今天的独龙江乡，村村通硬化路、通4G网络，正走向现代文明。2015年，在您和党中央关怀下，独龙江乡公路实现全年通车，乡亲们彻底告别了半年大雪封山历史；这几年，全乡又修通了连接6个村委会、26个自然村的硬化路，交通的便利给群众打开一扇脱贫致富的大门，让以往"养在深闺人未识"的草果、重楼、羊肚菌等特色优质经济作物走出了独龙江，全乡机动车驾驶员从个位数上升到百位数，600户群众有了机动车。现在，独龙江乡不仅所有村寨实现通车、通电、通电话、通广播电视、通安全饮水，还是云南省第一个实现村村通4G网络的乡镇。借助信息化平台，我们这个"直过民族"连上了精彩的外面世界；通过"互联网+政务"，以前到乡里一天还办不完的事，现在不出村分分钟就办妥了；通过"互联网+医疗"，群众生了病，可以通过远程医疗，在乡里连线省城的专家诊治；通过"互联网+教育"，独龙江乡所有中小学可以看到全国、全省最优秀教师的上课视频，直接使用他们的课件，共享优质教育资源。

今天的独龙江乡，家家有新居，正成为怒江州旅游观光的一张新"名片"。全乡1136户独龙族群众告别了破烂狭小的木楞房，全部住上了宽敞漂亮的安居房，房前屋后都打扫得干干净净，家什用具都摆放得整整齐齐，"破、旧、脏、乱"的村庄形象已一去不复返，一座座村容整洁、生产发展、生态宜居、乡风文明的独龙族新村呈现美丽风貌。我们因势利导、科学规划，将民族文化传承保护与乡村旅游发展有机结合起来，培训一批乡村旅游人才，支持建设200余户具有当地特色的农家乐，推动旅游产业得到长足发展，打牢脱贫致富产业基础。2018年，全乡旅游收入达到181.37万元，人均增收435元。

今天的独龙江乡，户户有新业，正走上"不砍树也能富"的绿色发展之路。我们坚持"绿水青山就是金山银山"的理念，把全乡25度以上陡坡耕地全部退耕还林，大力发展草果、独龙鸡、独龙牛、独龙蜂和香料、中草药材等特色产业。2018年底，仅草果种植一项人均增收就达到1812元。在独龙族群众心目中，地方党委、政府帮助发展的草果产业，就是脱贫致富的"金果果"。目前，全乡全面实施"以电代柴"行动，家家户户都用上了电器，像保护眼睛一样保护生态环境深入人心，人人都是护林员。

今天的独龙江乡，人人有社会保障，好日子越过越甜。这几年，学校、卫生院、养老院等一批民生项目相继建成投入使用，所有人都参加了医保，大病保险实现全覆盖，全乡小学生入学率、巩固率和升学率均保持100%，全族人均受教育年限不断提高，有了知识和文化，贫困将不会代际传递，群众日子越过越红火。上了年纪的独龙族老人感慨，党的政策真是好，好日子还没有过够，要多活几年。

敬爱的总书记，我们深知独龙江乡、独龙族群众今天发生的巨大变化，是您亲切关怀的结果，是党中央、国务院和各级党委、政府关心帮助的结果。没有中国共产党的正确领导，就没有独龙族群众今天的幸福生活。党的恩情比高黎贡山高，党的恩情比独龙江水长。我们一定牢记您的亲切关怀，永远心向党、听党话、跟党走、感党恩，马不停蹄地实施好乡村振兴战略，保护好生态环境，发展好生态旅游和特色产业，巩固好民族团结，把独龙江乡建设好、发展好、保护好、守卫好。

  请总书记放心，我们将认真履行好职责，充分发挥基层党组织的战斗堡垒和共产党员的先锋模范作用，团结带领独龙族群众一起奋斗，用实际行动感谢您对独龙族群众的牵挂和关心。

  衷心祝愿总书记您身体健康、工作顺利！

云南省怒江傈僳族自治州贡山独龙族怒族
自治县独龙江乡党委
2019年2月27日

4月10日,习近平总书记给独龙江乡群众回了信。

云南贡山县独龙江乡的乡亲们:

你们好!你们乡党委来信说,去年独龙族实现了整族脱贫,乡亲们日子越过越好。得知这个消息,我很高兴,向你们表示衷心的祝贺!

让各族群众都过上好日子,是我一直以来的心愿,也是我们共同奋斗的目标。新中国成立后,独龙族告别了刀耕火种的原始生活。进入新时代,独龙族摆脱了长期存在的贫困状况。这生动说明,有党的坚强领导,有广大人民群众的团结奋斗,人民追求幸福生活的梦想一定能够实现。

脱贫只是第一步,更好的日子还在后头。希望乡亲们再接再厉、奋发图强,同心协力建设好家乡、守护好边疆,努力创造独龙族更加美好的明天!

习近平

2019年4月10日

独龙江乡党委领导干部拆读习近平总书记的回信（余金成 供图）

大家一起学习习近平总书记回信(余金成 供图)

目录

独龙江乡：中国西南最后的秘境 / 1
  一、乡村概况 / 4
  二、精准扶贫 / 16
  三、一跃千年 / 31
  四、特殊意义 / 38

贫困之源 / 57
  一、地理制约，交通闭塞 / 59
  二、粗放作业，产业单一 / 63
  三、教育落后，发展乏力 / 64

脱贫之路 / 67
  一、夯实基础设施，破解住行难题 / 69
  二、发展特色产业，破解收入难题 / 83
  三、注重保障民生，实现均衡发展 / 99
  四、发挥生态优势，守住绿水青山 / 108
  五、提升社会治理水平，做到强基固本 / 122

人类减贫史上的奇迹 / 131
    一、从食不果腹到物质丰裕：没有一个人饿肚子 / 134
    二、从稀有短缺到有效供给：没有一个人衣不蔽体 / 146
    三、从原始愚昧到学有所教：没有一个孩子辍学 / 152
    四、从透风漏雨到安全稳固：没有一个人居无定所 / 161
    五、从缺医少药到病有所医：没有一个人病无所医 / 167
    六、从刀耕火种到绿色文明：人与自然和谐相处 / 173

蝶变密钥 / 181
    一、一个根本保证：党的领导 / 183
    二、一个独特优势：中国特色社会主义制度 / 188
    三、一个治国理政理念：一家人都要过上好日子 / 191
    四、一套科学方法：坚持精准扶贫、精准脱贫 / 195
    五、一个协作体系：众人拾柴火焰高 / 199
    六、一种精神动力：好日子是干出来的 / 202
    七、一个长效机制：独龙江明天更美好 / 206

"更好的日子还在后头" / 209
    一、巩固拓展，有效衔接 / 212
    二、紧扣特色，找准方向 / 216
    三、补齐短板，持续推进 / 229

涵养乡村振兴的生态之源 / 241

一、注重产业绿色转型 / 243

二、抓实村庄环境整治 / 246

三、加强生态修复和环境保护 / 249

高效善治独龙江 / 255

一、永远心向党，守护好边疆 / 258

二、持续夯实基层党组织 / 261

三、建设文明乡风、淳朴民风 / 265

四、建设治理有效的边疆社会治理体系 / 268

"独龙江样本" / 271

一、独龙江乡创新工作典型案例 / 273

二、各村创新工作典型案例 / 306

独龙江脱贫的典型人和事 / 319

一、"人民楷模"——老县长高德荣 / 321

二、胡建龙与马库的不解之缘 / 322

三、企业爱心筑梦 / 325

四、余金成访谈 / 326

参考文献 / 339

独龙江乡：中国西南最后的秘境

独龙江乡位于云南省怒江傈僳族自治州贡山独龙族怒族自治县西部，地处滇藏接合部，是"中国西南最后的秘境"。独龙江乡因独龙江得名，独龙族世居于此，为独龙族文化的发源地和荟萃地。独龙族是中国人口较少的少数民族之一，也是云南省人口最少的民族，他们千百年来守护着祖国的边疆。

高黎贡山（宋林武　摄）

一、乡村概况

独龙江乡地处横断山脉的高山峡谷地带，东西横距34公里，南北纵距91.7公里。东邻贡山县丙中洛镇和茨开镇，西南与缅甸毗邻，北靠西藏自治区察瓦龙乡。国境线长115公里，乡境内有37号至43号7个界桩。独龙江乡面积1994平方公里，是贡山县面积最大的乡。

独龙江由北向南纵贯全乡，居民大多住在独龙江两岸。独龙江被专家认定为"野生植物天然博物馆"，是我国原始生态保存最完整的区域之一。

清末时，独龙江尚无专门地方机构设置。民国五年（1916年）称菖蒲行政委员会西保董，1950年4月设立为贡山县第四区，1969年改为独龙江公社，1984年改为独龙江区，1988年区改乡后称独龙江乡。2002年，独龙江乡政府驻地由巴坡村搬迁至孔当村。

独龙江乡交通不便，县城丹打至乡政府驻地孔当的县乡公路长79.6公里（高黎贡山独龙江公路隧道未通前长为96.2公里）。2014年以前每年的12月份至次年的6—7月份为大雪封山期，此时交通隔断，与外界的联系断绝，完全处于与世隔绝的状态。境内"两山夹一江"，高黎贡山和担当力卡山东西对峙，独龙江纵贯两山之间。这里山高谷深，沟壑纵横，形成封闭式的地理环境。最高海拔4969米，最低海拔1200米，形成典型的立体气候和小区域气候。年均气温16℃，无霜期达280多天，年平均降水量在2932—4000毫米之间，为全国之最。全年

独龙江峡谷(宋林武 摄)

日照时数1100—1400小时，空气湿度达90%。

独龙江乡是独龙族的主要聚居地。独龙族是中国人口较少的少数民族之一，历史上被称为"俅"。1950年，独龙江解放。1952年，在周恩来总理的亲切关怀下，根据其民族意愿，正式定名为"独龙族"。独龙族使用独龙语，没有自己的民族文字，过去多靠刻木结绳记事、传递信息。独龙族自古生活在崇山峻岭之中，条件恶劣，交通闭塞，所以社会发展较为迟缓，生产力水平低下，新中国成立前后仍然基本处于原始社会阶段，经济以刀耕火种的粗放农业为主，采集和狩猎还占有相当大的比重。独龙族男女均散发，少女有文面的习惯。他们相信万物有灵，崇拜自然物。独龙族有着坚强意志和抗争精神，正是这股精神力量，支撑着他们走过多次几近灭族的艰难岁月。独龙族始终相信在党和国家的关心下，一定能改变他们族群的命运。他们寻找着光明，守护着祖国的边疆。

独龙江乡具有丰富的生物、水能和旅游资源。独龙江流域内森林覆盖率高达93%，动植物物种保存完好，仅种子植物就有200多种，哺乳动物106种，属国家重点保护的珍稀濒危动植物有30种，被誉为"野生动植物种质基因库"，也是高黎贡山国家级自然保护区和"三江并流"世界自然遗产核心区。水能资源方面，除主干流独龙江外，可用于小水电开发（装机容量500千瓦以上）的支流共有11条。

因其独特的地理位置，独龙江乡的独龙族传统民族文化、民风民俗保存完整，是中国独龙族民族文化传承保护区（已列入国家级非物质文化遗产代表性项目名录）。

独龙江乡现辖孔当、巴坡、迪政当、龙元、献九当、马库6个行政村，41个村民小组，1149户4112人，独龙族人口占总

丰富的森林资源（宋林武 摄）

人口数的99%。①

（一）孔当村

孔当村地处独龙江乡中部，为乡政府所在地，距乡政府1公里，到乡政府的道路为柏油路，交通方便，距县城80.6公里。东邻茨开镇，南邻独龙江乡巴坡村，西邻缅甸，北邻独龙江乡献九当村。全村面积369.29平方公里，海拔1481米，年平均气温17.9℃，年平均降水量2932—4000毫米。辖孔当一

---

① 《独龙族：整族脱贫一跃跨千年》，云南省人力资源和社会保障网，2019年4月15日，http://hrss.yn.gov.cn/NewsView.aspx?nid=33358&cid=526&isZt=7。

组、孔当二组、腊配、普卡旺、肖旺当、孔干、王美、肯迪、孔美、丙当、鲁腊11个村民小组。耕地面积541.4亩，林地面积79840.8亩。全村共269户1004人，独龙族占全村总人口的99%。农民收入主要靠以草果、玉米、薯类种植为主的种植业和以独龙牛、独龙鸡、高黎贡山猪为主的畜牧业。

孔当村共有建档立卡贫困户188户727人，2014年贫困发生率为67.56%。截至目前，累计脱贫186户725人（2019年死亡2户2人），无未脱贫人口，贫困发生率为0。全村主要致贫原因为：一是缺少产业支持。孔当村位于高山峡谷地带，大部分属

孔当村全景（罗金合 摄）

于林地和保护区，可用耕地面积少，产业主要以草果、薯类、玉米种植为主，比较单一。二是农户自身发展动力不足。过去群众生产生活方式落后，现在生产生活条件有了改善，部分群众有"小富即安、小进则满"的心态，更进一步的动力不足。三是缺乏劳动技能。过去因过于封闭，孔当村教育条件落后，大部分群众受教育程度低，文化水平不高，缺乏对新劳动技能的学习掌握。

（二）巴坡村

巴坡村地处独龙江乡南部，距独龙江乡政府所在地18公里，距南部马库村钦兰当21公里，2002年以前是独龙江乡政府所在地，也是贡山县到独龙江人马驿道的终点。辖8个村民小组，即斯拉洛、独务当、木兰当、巴坡、米里王、麻扒腊、孟顶、拉王夺，共235户911人，劳动力520人，99%以上为独龙族。境内有37号、38号、39号界桩。全村面积为445平方公里，海拔1510米，年平均气温18.2℃，年平均降水量3105—4000毫米。有耕地560亩，林地43313亩。巴坡党总支下设5个党支部，有94名党员。

巴坡村共有建档立卡贫困户111户430人，2014年贫困发生率46.13%。截至目前，已脱贫110户427人，未脱贫1户3人，贫困发生率为0.33%。全村主要致贫原因为：一是生存条件受限。全村基本上属于高山峡谷地带，大部分属天然林、公益林、自然保护区、世界自然遗产等保护地，可耕地面积少，且地质灾害隐患点多，滑坡、泥石流灾害频繁。二是产业小散弱。全村主要以草果、重楼、羊肚菌、葛根种植为主，出售的都是初级农产品，没有深加工，群众获利少。三是缺乏劳动技能。由于长期封闭和历史原因，社会发育程度低，贫困群众文

巴坡村全景（余金成　摄）

化素质普遍不高，劳动技能缺乏，部分群众除传统农耕养殖外，不会其他的劳动技能。

（三）迪政当村

迪政当村位于独龙江乡最北端，距乡政府所在地30公里，东与丙中洛镇相邻，南与龙元村相连，西与缅甸毗邻，北与西藏察隅县察瓦龙乡接壤。海拔1870米，年平均气温16.7℃，年平均降水量2856—3800毫米。迪政当村委会下辖6个村民小组，分别为：冷木当、迪政当、熊当、向红、普尔、木当。全村共有166户587人，劳动力370人，99%为独龙族。全村面积601.22平方公里，耕地面积398亩，人均耕地0.67亩，人均有粮300公斤。有林地458087亩。产业发展以种植重楼、羊肚菌、黄精、草果及养殖独龙牛、牦牛为主。迪政当村党总支下设2

个党支部（冷木当支部、熊当支部），共有党员29人。

迪政当村共有建档立卡贫困户90户345人，2014年贫困发生率为37.8%。截至目前，已脱贫89户344人（2019年1月迪政当村民小组村民1户1人死亡），贫困发生率为0。全村主要致贫原因为：一是生存条件严重受限。迪政当村是怒江州面积最大的行政村，但大部分地区都属于高山峡谷地带，森林覆盖率高，大部分属天然林、公益林、自然保护区、世界自然遗产等保护地，人均耕地面积少，生态环境保护工作任务重。二是自然条件的约束。迪政当村由于所处纬度较高，气候以温带大陆性季风气候为主，每年冬季霜期及大雪期较长，不适宜部分农作物生长。三是缺乏主要产业支撑。由于受自然地理条件制约，迪政当村不适宜发展短、平、快的产业，村民主要的收入

迪政当村全景（罗金合 摄）

目前仅是种植重楼、黄精及葛根等，成长周期较长、收益慢，没有形成支柱产业。

（四）龙元村

龙元村地处独龙江乡北部，距乡政府所在地22公里，距县城101.6公里。海拔1545米，年平均气温17.2℃，年平均降水量2942—3800毫米。全村面积210.2平方公里，耕地面积334亩，人均耕地0.56亩，人均有粮218公斤。有林地100262亩。下辖龙元一组、龙元二组、白来、龙仲、东给5个村民小组，全村户籍人口170户579人，劳动力383人，经济收入以种植草果、花椒、重楼、羊肚菌以及养殖独龙牛、独龙鸡为主。龙元村现有党总支1个、党支部5个、党群活动室5个，共有党员51人（含工作队员2人）。

龙元村共有建档立卡贫困户68户246人，2014年贫困发生

龙元村全景（罗金合 摄）

率为41.58%。截至目前，累计脱贫66户236人，未脱贫2户10人（返贫户1户6人，新识别1户4人），贫困发生率为1.68%。全村主要致贫原因为：一是可耕地面积少，生产生活条件受限。龙元村属于高山峡谷地带，全村森林覆盖率高，大部分面积属天然林、公益林、自然保护区，可耕地面积少。二是生产生活技能滞后，技术缺乏。由于长期封闭和历史原因，社会发育程度低，贫困群众文化素质普遍不高，劳动力文化素质低，缺乏发展产业和就业的基本技能。三是产业支撑能力弱，未能建立起支撑全村经济发展的产业体系。

（五）献九当村

献九当村东邻丙中洛镇，南邻独龙江乡孔当村，西邻缅甸，北邻独龙江乡龙元村，距乡政府所在地9公里。辖7个村民小组（献九当、丁拉梅、齐当、丁给、迪兰、白利、肖切）。全村面积215.25平方公里，海拔1512米，年平均气温15.7℃，年平均降水量2930毫米。全村共217户767人。其中，劳动力470人，低保户92户（建档立卡户50户、非建档立卡户42户），五保户5户（建档立卡户1户、非建档立卡户4户），残疾人13人（建档立卡户7人、非建档立卡户6人）。参加新型农村合作医疗人数767人，参加城乡居民基本养老保险人数348人。全村3岁以下儿童43人，有在校生3—6岁30人、6—15岁88人，中学生41人，大学生9人。

献九当村共有建档立卡贫困户111户409人，2014年贫困发生率为53.45%。截至目前，已脱贫110户408人，未脱贫1户1人，贫困发生率为0.13%。主要致贫原因为：一是耕地面积少。全村均属于高山峡谷地带，大部分属天然林、公益林、自然保护区等，生产生活用地有限。二是产业支撑能力弱。老百

献九当村全景(宋林武 摄)

姓缺乏农产品加工技术,现有农产品缺乏深加工,初级农产品价格不稳定,一定程度上影响了群众收入。三是群众自我发展动力不足。由于长期封闭和历史原因,社会发育程度低,贫困群众文化素质普遍不高,缺乏商品意识,部分群众还没有养成较好的生活习惯,发展能力弱。

(六)马库村

马库村地处独龙江乡最南端,南与缅甸木克嘎接壤,东邻茨开镇,西南邻缅甸,北邻巴坡村,距乡政府驻地40公里。辖4个村民小组,即马库、独都、钦兰当、迪兰当。境内有40号、41号、42号界桩。全村面积为86.08平方公里,海拔1200米,年平均气温19.2℃,年平均降水量2978—4000毫米。全村

马库村全景（罗金合 摄）

共84户292人，其中从事第一产业人数176人，99%以上为独龙族。全村有在校生47人，在园幼儿13人，小学适学儿童16人，初中在读8人，高中（中职）学生9人（高中4人、职技5人），中专在读1人，大学本科在读3人。

马库村共有建档立卡贫困户44户156人，2014年贫困发生率为54.25%。截至目前，已脱贫44户156人，贫困发生率为0。全村主要致贫原因为：一是生产条件受限。全村大部分地区属于高山峡谷地带，可耕地面积少。二是社会事业发展滞后。教育事业发展滞后，医疗卫生服务滞后，乡村专业医技人才严重不足，社会公共服务、农村文化体育服务设施缺乏。三是劳动技能缺乏。由于长期封闭和历史原因，社会发育程度低，贫困群众文化素质普遍不高，劳动技能缺乏，部分群众除传统农耕养殖外，不会其他的劳动技能。

二、精准扶贫

（一）孔当村

通过集中攻坚，孔当村产业基础不断夯实，就业更加充分，政策更加到位，住房安全、饮水安全、义务教育、基本医疗全面保障，建档立卡贫困人口稳定实现"两不愁三保障"。交通、电力、广播电视、宽带网络、医疗设施、活动场所等公共服务基础设施全面改善。全村已达到贫困村退出7项标准。

1. 抓好产业就业，夯实增收基础

发展产业保增收。全村共种植草果20943亩、重楼70亩、葛根187.5亩，独龙牛存栏205头、高黎贡山猪存栏393头，基本实现每户农户有1—2个增收脱贫产业的目标。

开发岗位促增收。全村共聘用公益性岗位人员135人，其中护林员65人、河道管理员15人、地质监测员22人、护边员33人，基本实现有劳动能力的贫困户每户有1个就业岗位。

2. 全面改善农村危房

孔当村共建设美丽宜居安居房247套、幸福公寓3套，确保所有贫困户全部拥有安全稳固住房。

3. 民生保障

抓实社会保障。全村领取农村低保的有50户162人；全村特困供养对象（五保户）14户14人；持证残疾人26人。

抓牢控辍保学。孔当村义务教育在校学生167人，全村无适龄儿童少年失学辍学。

经多次改造提升的孔当新村（宋林武　摄）

抓实健康扶贫。全村所有建档立卡贫困人口都参加了基本医疗保险、大病保险，参保率达100%。村内有标准化村级卫生室，配备2名村医，做到小病不出村，家庭医生签约率100%。

落实政策补偿。全村共计发放森林生态效益补偿26.16万元、退耕还林补偿9.43万元、草原生态补贴补助13.32万元。全村所有农户均享受边民补助，建档立卡户每人每年1800元，非建档立卡户每人每年1500元。

孔当村街景（宋林武　摄）

抓实饮水安全。实施农村饮水安全巩固提升工程，全村安装了水净化设施，家家户户架通了自来水管，村民在家门口就能喝上干净卫生的自来水。

（二）巴坡村

巴坡村已达到贫困村退出7项标准。累计有110户427人贫困人口脱贫，贫困发生率由2014年的46.13%下降至目前的0.33%。

1. 抓好产业就业，夯实增收基础

发展产业保增收。全村共种植草果23200亩，产量452吨，收入418万元；羊肚菌37.5亩，收入11.46万元；重楼318亩；葛根52.53亩。养殖中华蜜蜂2000箱，年出蜂蜜1吨；高黎贡山猪存栏570头，独龙牛存栏460头。2018年人均纯收入6091元，基

本实现每户农户有1—2个增收脱贫产业的目标。

转移就业促增收。全村共组织10名贫困劳动力到珠海务工，每人每年可获得工资性收入3万多元，现还有4人仍在珠海打工。聘用公益性岗位人员132人，其中生态护林员43人、河道管理员23人、护边员24人、界务员13人、地质监测员18人、辅警11人，基本实现有劳动能力的贫困户每户有1个就业岗位。

2. 全面改善农村危房

全村共建安居房213套、幸福公寓7套、"农危改"4套，住房均已达标。

3. 民生有保障

抓牢控辍保学。全村义务教育阶段适龄儿童少年107人，其中2人因身患残疾无法入学，故由学校定期送教上门，其余105人均在学校学习。高中阶段学生14人，中职院校学生11人，大学生5人。

巴坡村街景（余金成　摄）

抓实健康扶贫。全村所有建档立卡贫困人口都参加了基本医疗保险、大病保险，参保率达100%。村内有标准化村级卫生室，配备2名村医，做到小病不出村，家庭医生签约率达100%。

落实政策补偿。全村严格落实生态补偿金发放政策，退耕还林600亩，补偿7.5万元。草原生态补偿13.18万元。公益林补助每人每年632.88元，全村合计发放52.02万元。全村所有农户均享受边民补助，建档立卡户每人每年1800元，非建档立卡户每人每年1500元。

落实社会保障。全村领取农村低保的有48户125人，其中A类5户10人、B类18户42人、C类25户73人；全村特困供养对象（五保户）9户9人；孤儿救助2人；60岁以上领取养老保险金的有94人；80岁以上高龄补助14人；持证残疾人18人，其中一、二级残疾13人，三、四级残疾5人。

抓实饮水安全。实施农村饮水安全巩固提升工程，全村安装了水净化设施，家家户户架通了自来水管，村民在家门口就能喝上干净卫生的自来水。

（三）迪政当村

通过开展脱贫攻坚工作，迪政当村产业基础不断夯实，就业更加充分，政策更加到位，住房安全、饮水安全、义务教育、基本医疗全面保障，建档立卡贫困人口稳定实现"两不愁三保障"，全村已达到贫困村脱贫出列7项标准。

1. 抓好产业就业，夯实增收基础

发展产业保增收。全村共种植重楼175.9亩、葛根134.7亩、黄精124.89亩，独龙牛存栏80头、牦牛存栏40头，基本实现每户农户有1—2个增收脱贫产业的目标。

转移就业促增收。全村在外务工人数42人，其中省外务工6人、省内务工4人、县内务工32人；聘用公益性岗位人员154人，其中护林员98人、护边员18人、地质灾害监测员14人、河道管理员12人、界务员6人、辅警3人、社保代办员1人、村医1人、计生宣传员1人，基本实现有劳动能力的贫困户每户有1个就业岗位。

2. 全面改善农村危房

迪政当村共建安居房155套、幸福公寓3套，全村住房均已达标。

迪政当村安居工程（罗金合　摄）

3. 民生有保障

抓实社会保障。全村有低保户52户142人，其中A类2户5人、B类20户54人、C类30户83人；全村特困供养对象（五保户）5户5人；孤儿救助4人；60岁以上领取养老保险金的有43人，所有符合养老保险的建档立卡人口实现100%参保；持证残疾人7人。

抓牢控辍保学。全村义务教育阶段适龄儿童少年共有62人，学前班幼儿24人，全部均在学校学习，实现义务教育阶段零辍学。本科在读学生9人，大专在读学生5人，中专（含职校）在读学生6人，均享受农村困难学生资助救助政策。

抓实健康扶贫。全村所有建档立卡贫困人口都参加了基本医疗保险、大病保险，参保率达100%。村内有标准化村级卫生室，配备1名村医，做到小病不出村，家庭医生签约率达100%。

落实政策补偿。全村共计发放生态补偿金76.05万元；退

老县长高德荣在迪政当村与工作人员研究三七、石斛产业发展（余金成　摄）

耕还林479.4亩，补偿6.16万元；公益林补助每人每年861.30元。全村所有农户均享受边民补助，建档立卡户每人每年补助1800元，非建档立卡户每人每年1500元。

抓实饮水安全。实施农村饮水安全巩固提升工程，全村安装了水净化设施，家家户户都架通了自来水管，村民在家门口就能喝上干净卫生的自来水。

（四）龙元村

产业基础不断夯实，就业更加充分，政策更加到位，住房安全、饮水安全、义务教育、基本医疗全面保障，建档立卡贫困人口稳定实现"两不愁三保障"。全村已达到贫困村退出7项标准。

1. 抓好产业就业，夯实增收基础

发展产业保增收。全村共种植草果6140亩、羊肚菌122.4亩、重楼380亩、花椒59亩、葛根96亩、黄精323亩，养殖高黎贡山猪50头（建档立卡户）、独龙鸡500只、独龙蜂400箱，覆

龙元村的新房一角（罗金合 摄）

龙元春色（潘锦秀 摄）

龙元村的蜜蜂养殖（余金成　供图）

盖68户246人，带动贫困户增收脱贫。

转移就业促增收。全村共组织4名（含2名建档立卡户）贫困劳动力到珠海务工，每人每年可获得工资性收入3万多元。全村共聘用公益性岗位人员91人，其中护林员46人、河道管理员16人、地质监测员14人、护边员15人，基本实现有劳动能力的贫困户每户有1个就业岗位。

2. 全面改善农村危房

全村共建安居房141套、幸福公寓5套，实现全村群众安全住房100%保障。

3. 民生保障

落实社会保障政策。全村领取农村低保的有64户197人，其中A类9户21人、B类25户75人、C类30户101人；全村特困供养对象（五保户）4户4人；孤儿救助2人；60岁以上领取养老保险金的有44人；持证残疾人12人，其中一、二级残疾8人，

三、四级残疾4人。

抓牢控辍保学。全村共有在校生95人,其中学前教育17人、小学34人、初中15人、高中13人、中专4人,大专及以上12人。义务教育阶段适龄儿童少年无辍学。

抓实健康扶贫。全村所有建档立卡贫困人口都参加了基本医疗保险、大病保险,参保率达100%。村内有标准化村级卫生室,配备1名村医,做到小病不出村,家庭医生签约率达100%。

落实政策补偿。全村共计发放生态补偿金25.04万元,其中公益林16346.60亩,补偿16.34万元;退耕还林411亩,补偿5.13万元;草原生态1290亩,补偿3.55万元。全村所有农户均享受边民补助,建档立卡户每人每年1800元,非建档立卡户每人每年1500元。

抓实饮水安全。实施农村饮水安全巩固提升工程,全村安装了水净化设施,家家户户架通了自来水管,村民在家门口就能喝上干净卫生的自来水。

(五)献九当村

通过集中攻坚,献九当村产业基础不断夯实,就业更加充分,政策更加到位,住房安全、饮水安全、义务教育、基本医疗全面保障,建档立卡贫困人口稳定实现"两不愁三保障"。交通、电力、广播电视、宽带网络、医疗设施、活动场所等公共服务基础设施全面改善,更加接近全省平均水平。全村已达到贫困村退出7项标准。

1. 抓好产业就业,夯实增收基础

发展产业保增收。全村共植草果11117亩、葛根160.7亩、黄精214.43亩、羊肚菌51.2亩、重楼135.6亩,养殖牛189头、

献九当村迪兰村民小组（罗金合　摄）

猪779头、山羊519只、家禽2976只、蜜蜂1300箱。2019年全村经济纯收入291.97万元，人均纯收入4300元，基本实现每户农户有1—2个增收脱贫产业的目标。

转移就业促增收。全村聘用公益性岗位人员125人，其中护林员43人、河道管理员36人、护边员21人、护路员7人、地质监测员14人、辅警4人，基本实现有劳动能力的贫困户每户有1个就业岗位。

2. 全面改善农村危房

全村共建安居房196套、幸福公寓6套，确保所有贫困户全部拥有安全稳固住房。

3. 民生保障

抓牢教育扶贫。全村3岁以下儿童43人，有在校生3—6岁30人、6—15岁88人，中学生41人，大学生9人。义务教育阶段适龄儿童少年无辍学。

献九当村冷水鱼养殖（潘锦秀 摄）

抓实健康扶贫。全村所有建档立卡贫困人口都参加了基本医疗保险、大病保险，参保率达100%。村内有标准化村级卫生室，配备2名村医，做到小病不出村，家庭医生签约率达100%。

落实政策促增收。全村共计发放生态补偿金14.93万元。退耕还林1200亩，补偿28.80万元，公益林补助每人每年632.88元。全村所有农户均享受边民补助，建档立卡户每人每年1800元，非建档立卡户每人每年1500元。

落实社会保障。全村领取农村低保的有92户302人（建档立卡户50户182人，非建档立卡户42户120人），其中A类6户9人、B类41户125人、C类45户168人；特困供养对象（五保户）5户；孤儿救助3人；持证残疾人13人，其中一、二级残疾4人，三、四级残疾9人。

抓实饮水安全。实施农村饮水安全巩固提升工程，全村安装了水净化设施，家家户户架通了自来水管，村民在家门口就能喝上干净卫生的自来水。

（六）马库村

通过集中攻坚，马库村产业基础不断夯实，就业更加充分，政策更加到位，住房安全、饮水安全、义务教育、基本医疗全面保障，建档立卡贫困人口稳定实现"两不愁三保障"。交通、电力、广播电视、宽带网络、医疗设施、活动场所等公共服务基础设施全面改善，更加接近全省平均水平。全村已达到贫困村退出7项标准。

1. 抓好产业就业，夯实增收基础

发展产业促增收。全村共种植草果5600亩、羊肚菌20.2亩、葛根108亩，养殖独龙牛80头，带动了44户贫困户增收脱贫，基本实现每户农户有1—2个增收脱贫产业的目标。

稳定就业促增收。共组织7名贫困劳动力到珠海务工。聘用护林员28人、河道管理员10人、地质灾害监测员12人、界务员6人、护边员10人、保洁员2人、辅警6人，基本实现有劳动能力的贫困户每户有1个就业岗位。

2. 全面改善农村危房

全村共建有安居房70套，实现全村群众安全住房100%保障。

3. 多管齐下夯实民生保障

抓牢控辍保学。全村义务教育阶段适龄儿童少年24人，其中小学适龄儿童16人、初中适龄少年8人，义务教育阶段适龄儿童少年无辍学。幼儿园在园幼儿13人。高中（中职）学生9人（高中4人，职技5人），大学本科在读3人，中专在读1人。

婚育新风走村入户（潘锦秀 摄）

抓实健康扶贫。全村所有建档立卡贫困人口都参加了基本医疗保险、大病保险，参保率达100%。村内有标准化村级卫生室，配备2名村医，做到小病不出村，家庭医生签约率达100%。

抓实饮水安全。实施农村饮水安全巩固提升工程，全村安装了水净化设施，家家户户架通了自来水管，村民在家门口就能喝上干净卫生的自来水。

落实政策补偿。全村共计发放生态补偿金21.25万元。退耕还林77.3亩，补偿9662.5元。全村所有农户均享受边民补助，建档立卡户每人每年1800元，非建档立卡户每人每年1500元。

落实社会保障。全村领取农村低保的有24户66人，其中A类2户2人、B类14户43人、C类8户21人；全村特困供养对象（五保户）1户1人；60岁以上领取养老保险金的有27人；80岁以上高龄补助3人；持证残疾人2人，其中一、二级残疾1人，三、四级残疾1人。

三、一跃千年

在党中央关心和各部委支持下，云南省采取"整乡推进、整族帮扶"的超常规措施，推动独龙族跨越式发展。随着"独龙江乡整乡推进、独龙族整族帮扶"政策的推进，独龙族同胞的生活发生了翻天覆地的变化，一跃千年奔小康，成为我国第一个整族脱贫的少数民族。

（一）政策支持

2010年以来，怒江州、贡山县根据中共云南省委、云南省人民政府《关于独龙江乡整乡推进独龙族整族帮扶三年行动计划的实施意见》和《2013—2014年独龙江乡整乡推进独龙族整族帮扶实施方案》，按照"省级统筹补助、上海支持、州负总责、县乡落实、项目到村、扶持到户"的要求，5年来共落实建设资金13.04亿元，先后抽调州委独龙江帮扶工作队队员118人次进驻独龙江乡6个行政村26个自然村，全力以赴开展帮扶工作。全面组织实施完成了"独龙江乡整乡推进、独龙族整族帮扶"安居温饱、基础设施、产业发展、社会事业、素质提高和生态环境保护六大工程和后两年巩固提升项目。

2014年，贡山县城到独龙江乡的柏油公路全线通车（宋林武 摄）

（二）成效明显

通过5年的全面帮扶，独龙江乡初步实现了经济发展大跨越、基础设施大夯实、人居环境大改善、社会事业大改观、特色产业大发展和素质能力大提升的六大变化，达到了预期目标，取得了预期成效。

1. 经济发展大跨越

2015年末，独龙江乡农业总产值达5027万元，全乡农村经济总收入达1669万元，比2009年增长242.7%；农民人均纯收入

3501元，比2009年增长282%；粮食产量999吨，比2009年末增长25.5%；农村人均生产粮食238公斤，比2009年末增长20%；草果产量444吨，比2009年净增443吨；独龙蜂蜂蜜产量达4吨，比2009年净增4吨。

2. 基础设施大夯实

独龙江乡高黎贡山隧道正式通车，标志着独龙江乡彻底结束了每年有大半年大雪封山期、不通程控电话、不通宽带网络、不通移动4G网络的历史。全乡6个村委会26个自然村（聚居点）全部实现通车、通电、通电话、通广播电视、通安全饮水。独龙族第一次有了纵贯南北、覆盖全乡的电力、通信网络，第一次有了方便快捷的金融服务网点，极大地促进了独龙族生产力的发展。独龙江乡孔当村已建成了一个集观光、科

独龙江乡客运站（宋林武 摄）

考、探险、旅游于一体的独具特色的边境旅游小集镇。通过帮扶工作，独龙江乡已成为全县当之无愧的最漂亮的乡镇，也是云南省最有特色、最有魅力的乡镇之一。独龙江乡全乡公路里程达150公里，比2009年末新增31公里，公路等级从无等级砂石路改造为3级柏油路，新建完成公路隧道（双车道）6680米。能源方面，水电装机容量达1600千瓦，比2009年增加960千瓦；农网线路127公里，农网覆盖全乡所有6个村委会26个自然村（聚居点）1068户农户。累计建成农田水利工程29件，改善灌溉面积1000多亩，较2009年末净增600亩。架设程控光缆160公里、移动电话基站8座，广播电视户户通建设完成1068户，实现独龙江乡广播电视户户通。

3. 人居环境大改善

昔日简陋的茅草房、木板房、竹篾房已被水电入户、卫生整洁、广播电视设施齐全的框架结构安居房所取代。一个个整齐有序、村容整洁的独龙族新村落拔地而起，"破、旧、脏、

马库新村农户家的卫生间和洗澡间（宋林武 摄）

乱"的农村形象已一去不复返，如今独龙江乡已成为贡山县安居工程建设的典范和旅游观光的一张新"名片"。全族共建设完成并入住永久性框架结构安居房1068户，独龙族群众人均住房面积由2009年的6平方米增加到如今的20平方米以上。全乡26个自然村（聚居点）全面建设完成村内道路、村民文化活动室、篮球场、人畜饮水工程、排污沟渠、垃圾处理设施、公厕、洗澡室等公益基础设施。

4. 社会事业大改观

教育、卫生、文化和社会保障等一大批民生项目的建成使用，教育医疗卫生队伍建设的加强，彻底解决了独龙族群众入学难、就医难、老无所养的问题。截至2014年末，独龙族小

献九当村卫生室（宋林武 摄）

学生入学率、巩固率和升学率连续5年均保持100%，全族人均受教育年限5年，较2009年末提高了0.3年；学校教育用房建筑面积达8500平方米；独龙族有了第一个女硕士研究生。全乡共有医技人员21名，医疗卫生用房建筑面积2679平方米，配备齐全了彩超、X光机、手术台、洗胃机、心电护理仪、多功能麻醉机等乡镇卫生院必备的医疗卫生器材设备。文化事业方面，新建了1座独龙族博物馆、2座群众性文体活动广场、26个村民文化活动室、28个篮球场；组建了6支农民文艺演出队，独龙

独龙江乡幼儿园（罗金合　摄）

族歌手第一次在全国性比赛中获得冠军并参加了2013年春晚演出。社会保障方面，农村低保实现全族覆盖，有了第一个敬老院，共33名独龙族孤寡老人得到集中供养。

5. 特色产业大发展

草果、重楼、独龙蜂、独龙牛、独龙鸡等特色种养殖产业粗具规模，让独龙族同胞有了增收致富产业。孔当旅游集镇、民族文化旅游特色村、观景台等一批旅游基础设施项目的建成，为独龙江打造AAAA级景区奠定了坚实的基础。旅游产业

独龙江乡龙元村的文面老人积极养猪（宋林武　摄）

基础设施方面，新建民族文化旅游特色村5个，建成观景台15个。种植养殖方面，累计完成草果种植40000多亩、核桃5000多亩、重楼2000多亩，独龙蜂10000多箱，投放独龙牛800头，建成独龙鸡保护和扩繁基地1个、草果加工厂1个。独龙江特有的生物产业粗具规模，旅游产业活力初步显现。

6. 素质能力大提升

移风易俗持续推进，文明生活方式进入千家万户。独龙族农村群众第一次实现人畜分居。独龙族群众市场观念、商品意识、积累意识不断形成，融入现代文明的步伐不断加快，独龙族群众从封闭、保守、落后的"民族直过区"走向开放、包容、发展的新天地，充分展现出了独龙族同胞自强不息、蓬勃向上、永记党恩的民族精神风貌。特别是随着素质提高工程的实施，独龙族群众已成为帮扶工程建设的"生力军"，农村剩余劳动力转移步伐加快，独龙族全族劳动者从传统农业生产转向从事其他产业和工种方面出现了"零"的突破，并有了质和量的飞跃。截至2014年末，全族农村从业人员中从事旅游和餐饮服务45人，从事车辆运输120人，外出务工250人，从事加工业10人、手工艺品制作56人，个体经商300人，占到了独龙族劳动力总数的35%以上。

四、特殊意义

独龙族集人口较少、跨境沿边、"直接过渡"、千年跨越、深度贫困等特征于一体，是国家"三区三州"深度贫困、极端贫困地区的极端典型。习近平总书记高度重视独龙族整族脱贫工作，对独龙族干部群众"一次会见、两次回信"。习近

载歌载舞欢庆幸福生活（潘锦秀　摄）

平总书记的特别关心鼓舞了各级党委、政府、社会力量和独龙族干部群众决战脱贫攻坚、决胜全面小康的信心和决心，也助推了独龙族取得整族脱贫这一历史性和决定性的成就，让独龙族人民如愿与全国各族人民一道如期全面建成小康社会，真正实现了经济社会的巨大跨越，步入全面建设社会主义现代化的新征程。独龙族全面脱贫、全面小康兑现了"全面实现小康，少数民族一个都不能少，一个都不能掉队"[1]的庄严承诺，也是中国脱贫攻坚实践的重要组成部分，是充分彰显铸牢中华民族共同体意识、奋力实现全体人民共同富裕的中国特色社会主义制度优越性的典型，是中国减贫史、中华民族发展史乃至人

---

[1] 中共中央党史和文献研究院：《习近平扶贫论述摘编》，中央文献出版社，2018年8月版。

类减贫史上具有里程碑意义的示范样本。

党的十八大，揭开了中国乃至世界反贫困斗争史上最波澜壮阔的一篇。党和人民接续奋斗、众志成城、攻坚克难，打赢了人类历史上规模最大、难度最高的脱贫攻坚战，历史性地解决了绝对贫困问题。独龙族是我国28个总人口在30万以下的人口较少民族之一，也是云南9个"直过民族"之一。2015年1月习近平总书记在云南考察，在会见贡山独龙族、怒族干部群众代表时指出："全面建成小康社会，一个民族都不能少。"[①] 这句对独龙族干部群众说的话，是对我国民族地区的庄严承诺，是以中国之制实现中国之治，体现我国制度优势尤其是社会主义集中力量办大事优势的有力例证。

（一）独龙族是深度贫困的典型

独龙江乡是独龙族的主要聚居地，曾是深度贫困地区。长期聚居在独龙江地区的独龙族，也是中国少数民族中为数不多的"跨境""直过"和"人口较少"民族。2010年第六次全国人口普查结果显示，独龙族总人口6930人，排全国各少数民族人口总数的倒数第四位，占全国少数民族1.1亿总人口的比例不到万分之一。独龙族的整体贫困情况不仅是人口较少民族贫困的写照，也是民族地区贫困的典型。独龙族整族脱贫可以为集少数民族、边境山区、深度贫困等多维致贫因素于一体的民族地区脱贫攻坚贡献极强的借鉴意义。

贫困程度世所罕见。从地理区位上讲，独龙族群众存在"跨境、抵边"的双重特征。独龙江乡毗邻缅甸克钦邦，边境线长115公里，属于自然条件极其恶劣的地区。跨境、抵边

[①] 中共中央党史和文献研究院：《习近平扶贫论述摘编》，中央文献出版社，2018年8月版。

孔当一社老村（宋林武 摄）

的地理区位使独龙族千百年来几乎与世隔绝。从贫困深度来讲，独龙族是云南9个"直过民族"之一，在中华人民共和国成立前的很长一段历史时期内，独龙族一直处于原始社会末期的状态，直到1950年云南解放，独龙族才实现了第一次历史跨越，直接过渡到社会主义社会。从贫困程度讲，独龙族是贫困程度极深的单一民族，2014年建档立卡时，独龙族建档立卡贫困人口为3480人，占独龙族总人口的50.2%，整族贫困发生率高居28个人口较少民族的首位，是28个人口较少民族平均水平（18.1%）的2.8倍。

自然条件极端恶劣。独龙江乡地处横断山脉腹地，属于"三江并流"核心区，整个区域处于高黎贡山、担当力卡山之间，属于"两山夹一江"的地理格局。乡域内山高谷深，沟壑纵横，最高海拔4969米、最低海拔1200米，高差达3769米，地形复杂。独龙江乡气候条件复杂，年平均降水量为2932—4000毫米，是亚洲三大"雨极"之一，每年约有300天为雨雪天气，山顶与江边、山脚的温差较大。加之独龙江地区地质条件复杂，导致当地山体滑坡、泥石流等自然灾害频发。

基础设施极其落后。独龙江乡曾经是中国最后一个通公路的民族地区和最后一个连通通信设施的乡镇。独龙族生活在崇山峻岭、深山峡谷中，交通极为不便，生产生活物资长期靠人背马驮，"最后的马帮"持续到20世纪末。1965年才修通了

龙元老村（宋林武 摄）

迪政当村的独龙族旧居（罗金合　摄）

龙元村龙元一组的孤寡老人娜社（罗金合　摄）

贡山县茨开镇至独龙江乡巴坡村65公里的人马驿道，从贡山县城到独龙江乡政府单边行程缩短7天左右。1999年修通了全长96.2公里的独龙江简易公路，单边行程缩短为7个小时左右，虽然告别了人背马驮，但因需翻越大雪山，每年仍有半年时间与外界隔绝。沿江两岸只有狭窄的人行小道，渡江靠溜索，故有不少人溜进江里。老县长高德荣说：他当乡长时，每年走遍乡里所有的村庄和农户，需要60多天，当时绝大部分群众没有出过乡。

龙元老村独龙族木楞房（宋林武　摄）

居住条件差。中华人民共和国成立前,独龙族以采集、渔猎为生,处于刀耕火种的原始生活状态,长期居住在简易的茅草房、篱笆房中,生活极其原始。

公共服务保障能力差。位置偏远和空间封闭等导致独龙江乡基本没有医疗条件,医疗卫生、教育、养老、文化、行政服务等基本公共服务供给难,甚至处于缺失状态,各种疫病流行,人均寿命仅30多岁。

发展能力十分薄弱。独龙族长期保持着刀耕火种、人背马驮、翻雪山、爬天梯、松明点灯、放炮传信、采集渔猎、住木楞房等生产生活习惯,独龙江乡成为中国原始生态保存最完整的地区之一,曾经被誉为"最后的秘境"。封闭的环境让过去的独龙族群众呈现"三高三低"的生活状态,即建设成本高、生产成本高、生活成本高,而收入水平低、文化水平低、现代社会融入程度低。独龙江乡处于"三江并流"核心区,属于限制开发区,境内88.26%的面积被纳入高黎贡山国家级自然保护区范围,生态保护任务繁重,全乡耕地面积仅有3045亩,人均仅有0.71亩,生产资料较为匮乏。过去的独龙江地区外人罕至,独龙族群众长期以来远离市场经济,生活来源除自给自足外,全靠物物交换,没有货币,也不会讨价还价,缺乏市场经济意识。驻村干部介绍,那个时候的独龙族群众吃东西都是用水煮,不会炒菜。

(二)独龙族脱贫是我国扶贫政策成效体现的典范

人类社会自产生以来,一直与贫困作斗争,人类社会的发展史可以直接看作是一部从落后、愚昧走向繁荣、文明的反贫困史。独龙族整族脱贫见证了我国民族地区推动精准扶贫和全面建成小康社会战略落地的过程,为当时我国"直过民族"

脱贫后的独龙人家(罗金合 摄)

贫困人口稳定脱贫政策的制定提供了重要参考。独龙江乡的贫困问题可以反映出我国一般民族地区相同的综合性、阶段性等特征，从贫困的多维视角来看，民族地区贫困往往又伴随着历史发展的复杂性特点，是历史上贫困面貌动态演变的延续和发展，独龙江乡实现精准脱贫为当时民族地区脱贫攻坚提供了基本的现实依据。

独龙族整族脱贫同样也是我国民族地区脱贫政策演进和打赢脱贫攻坚战的历史写照。中华人民共和国成立后，党和国家就非常重视民族工作，针对民族地区普遍贫困的现实情况，一方面通过救济粮、救济款直接补贴民族地区；另一方面向民族地区实行政策倾斜，助力兴建基础设施和提供技术指导，引导和帮助民族地区发展经济和摆脱贫困。1952年，党中央出台了《中央关于少数民族地区的五年计划的若干原则性意见》，全国各地区和有关单位根据党中央精神均制订了具体的民族地区经济建设发展计划。改革开放以后，国家开始了对民族地区大规模、专业化的扶贫工作，先后在1986年和1994年分两次确定了国家级贫困县331个和国家重点扶持贫困县（旗、市）592个，其中，列为国家扶贫重点地区的少数民族贫困县多达257个，占全国贫困县总数的43.4%。[1]国家还在1986年成立了专门的扶贫开发部门。为了尽快实现民族地区早日脱贫致富，国家相继出台了一系列扶贫政策，诸如易地搬迁扶贫、专项扶贫、产业扶贫、科技扶贫、教育扶贫等，极大地改善了民族地区各族群众的生存状况。但由于民族地区贫情复杂，脱贫攻坚难度大且返贫问题突出，贫困问题和教育、基础设施等问题交

---

[1] 雷振扬等：《坚持和完善中国特色民族政策研究》，中国社会科学出版社，2014年8月版，第528—529页。

孔当村丙当新村（宋林武 摄）

织出现，截至2014年底，全国仍有2205万民族地区贫困人口未实现脱贫，占全国贫困人口7017万的31.42%，且减贫率低于一般地区的14.9%。① 党的十八大以来，党中央把扶贫开发工作提升到全新高度，直接纳入"四个全面"战略布局，作为实现第一个百年奋斗目标的主要工作。2016年底，党中央出台了

---

① 祝慧、莫光辉、于泽堃：《新发展理念与少数民族地区精准扶贫的契合及实践策略：精准扶贫绩效提升机制系列研究之四》，《改革与战略》2016年第12期，第45页。

《"十三五"脱贫攻坚规划》,明确提出到2020年解决我国人均纯收入2300元的现行标准下贫困人口的脱贫问题,并着重从民族地区各族群众的生产和生活实际出发,聚力解决民族地区整体贫困问题,确保民族地区同其他地区一道消除贫困、改善

独龙江乡小集镇(余金成 摄)

民生,最终共同迈入小康社会,逐步实现共同富裕。

党的十八大以来,在精准扶贫、精准脱贫政策指导下,独龙江乡实施整乡推进整族帮扶工作,通过高效的组织动员能力,实现扶贫开发政策的预期成效在独龙大地开花结果,通过有效引导提升贫困群众摆脱贫困的勇气、志气和能力，与政策形成强大合力，成功攻克绝对贫困难题，实现独龙族整族脱贫、全面小康。独龙族世居独龙江河谷两侧，是典型的"直接过渡"、人口较少和跨境民族，独龙族整族脱贫具有开创性意义，一方面充分证明了中国贫困治理是依靠党的全面领导和中国特色社会主义制度优势，尤其是集中力量办大事的显著优势；另一方面也是一个"鲜活样本"，将我国民族地区脱贫政

独龙江乡国旗飘扬（潘锦秀　摄）

策从出台到收获成效的整个过程全面系统地在独龙江进行了演绎。

(三)独龙族脱贫是中国贫困治理理论的世界性贡献

独龙族整族脱贫、实现全面小康的成功案例,是中国贫困治理理论创新的写照,也是体现我国制度优势的"鲜活样本"。独龙族整族脱贫的政策依据、具体举措、精准方略,不仅为我国民族地区、深度贫困地区脱贫提供了借鉴,也为全球贫困治理贡献了中国经验、中国智慧和中国方案,是向世界展示中国脱贫攻坚新方略、新途径、新举措的重要实例。

从基础理论层面实现了生产力与生产关系的千年跨越。独龙族整族脱贫、实现全面小康,充分证明了习近平新时代中国特色社会主义思想的真理力量,正是习近平总书记关于扶贫工作重要论述的科学引导,才能解决千年来未解的难题。独龙族整族脱贫是马克思主义反贫困理论中国化新境界的有力佐证,是向全世界展现习近平新时代中国特色社会主义思想强大真理力量和独特思想魅力的中国样本。"习近平总书记关于扶贫工作重要论述源于马克思主义反贫困理论,源于中华民族数千年发展经验的智慧总结,是对中国共产党历代领导人关于贫困治理思想在新时代的继承和发展,其科学内涵在于:坚持党的集中统一领导是政治组织保证;坚持以人民为中心的发展思想是根本方向;坚持发挥社会主义集中力量办大事政治优势是制度支撑;坚持精准扶贫方略是路径选择;坚持发挥贫困群众主体作用和内生动力是动力源泉;坚持全社会关注投身扶贫开发是合力基础。可以说,习近平总书记关于扶贫工作重要论述指引中国脱贫攻坚取得举世瞩目成就,极大丰富发展了中国贫困治理理论。"①独龙族实现整族脱贫、全面小康是生产力与生产关系千年跨越的鲜活案例。新中国成立之前，独龙族长期处于原始社会末期状态，生产力水平远远落后于国内其他地区，生产关系也长期处于原始社会的状态。中华人民共和国成立后，独龙族成为云南9个"直过民族"之一，实现了从原始社会到社会主义社会的直接过渡，在生产关系层面实现了千年跨越。伴随着我国社会主义现代化国家建设步伐推进，尤其是民族地区经济建设发展计划、民族地区大规模专业化的扶贫、精准扶贫等一系列政策实施，70多年来，独龙族跟随新中国共同成长，经过数轮扶贫开发，特别是"独龙江乡整乡推进、独龙族整族帮扶"三年行动及两年巩固提升之后，2018年底，独龙江乡实现所有贫困人口脱贫、贫困村出列，独龙族实现整族脱贫，实现了生产力的千年跨越。独龙族的千年跨越恰恰是生产力和生产关系匹配的典型，标志着中国特色社会主义道路的科学性和开创性，同时将习近平新时代中国特色社会主义思想的理论和实践推进到了更高阶段和新的高度。

  从创新理论层面是展现习近平新时代中国特色社会主义思想在回答时代之问中不断丰富和发展的过程。就相对贫困治理机制的转型和拓新而言，需要推进绝对贫困向相对贫困、一维贫困向多维贫困、生存性贫困向发展性贫困、收入型贫困向消费型贫困、原发性贫困向次生性贫困、农村贫困向城市贫

---

  ① 中共云南省委党校（云南行政学院）课题组、霍强等：《中国贫困治理的制度优势、理论创新与世界贡献：独龙族整族脱贫、全面小康的例证》，《中共云南省委党校学报》2022年第3期，第164—172页。

困治理转型和拓新[1],引领相对贫困治理机制的转型和拓新。习近平新时代中国特色社会主义思想指引着独龙族实现整族脱贫、全面小康,也是过去我国长期处于深度贫困的人口较少民族跟随时代的进步实现了社会面貌翻天覆地变化的一个实例。然而,主要依靠国家投入在短期内实现脱贫的地区,还面临防止返贫和向乡村振兴转型的任务,尤其是如何科学实现巩固拓展脱贫攻坚成果同乡村振兴有效衔接,就急需贫困治理理论和政策的转型和拓新,进一步使相对贫困、精神文明、生态文明建设协同推进,党委、政府和社会协同共振,进而实现共同富裕。这是世界反贫困理论的进一步充实和丰富。

从实践层面为人类减贫事业贡献中国方案。独龙族实现整族脱贫、全面小康是中国减贫事业的生动样本,是民族团结进步的具体实例,是铸牢中华民族共同体意识的典范,也是向世界展示共建人类命运共同体的"中国样本"。独龙江乡是我国脱贫攻坚的"坚中之最坚、难中之最难",是最难啃的"硬骨头",故独龙族整族脱贫更能印证我国精准扶贫方略的生命力和可拓展性。作为一个负责任的发展中国家,中国全面消除绝对贫困,提前10年达成《联合国2030年可持续发展议程》预期的减贫目标,使世界约20%的人口在中华大地上全面建成了小康社会,对全球减贫的贡献率超过七成,为全球减贫事业发展贡献了中国力量,展现了全球贫困治理中的中国担当。独龙族实现整族脱贫、全面小康是中国贫困治理的实践检验,是精准脱贫过程中摸索出的扶贫开发规律,是适合中国国情的精

---

[1] 唐任伍、肖彦博、唐常:《后精准扶贫时代的贫困治理:制度安排和路径选择》,《北京师范大学学报(社会科学版)》2020年第1期,第133—139页。

准扶贫方略，是全球扶贫方略的有效补充，科学、系统地解决了"扶持谁""谁来扶""怎么扶""如何退""如何稳"五个关键性问题，是贫困地区脱贫致富创造性的探索，保障了中国取得脱贫攻坚的全面胜利，也为当今世界百年未有之大变局下解决全球发展赤字和贫困问题、消除贫困、推动人类发展贡献了中国智慧和中国方案。"2018年12月，第73届联合国大会通过的决议草案《消除农村贫困，落实2030年可持续发展议程》上明确提出，实现2030年可持续发展目标应借鉴中国农村扶贫脱贫的成熟经验。这标志着经过中国扶贫开发实践检验的精准扶贫方略，是一套具有可行性且具有全球可借鉴性的农村贫困解决方案，对世界上其他国家的农村贫困治理具有参考意义。"[1]中国精准扶贫方略拓展了人类反贫困思路，为人类减贫提供了新路径。中国反贫困理论和实践的典型案例也伴随着中国与世界各国的友好往来，通过多种途径快速传播到了全世界。中国极其重视加强与发展中国家和国际组织的减贫交流，积极倡议共建"一带一路"，主动设立亚洲基础设施投资银行、丝路基金等，加大与发展中国家和"一带一路"共建国家的基础设施、资源开发、产能、资金等合作，设立南南合作援助基金，为部分发展中国家减免债务、提供援助、培育医疗卫生人才等，为人类命运共同体建设贡献中国力量。

---

[1] 傅夏仙、黄祖辉：《中国脱贫彰显的制度优势及世界意义》，《浙江大学学报（人文社会科学版）》2021年第2期，第5—14页。

贫困之源

一、地理制约，交通闭塞

独龙江乡地处极边之地，导致独龙族千百年来几乎处于与世隔绝的状态。同时，独龙江乡属于典型的高山峡谷地貌，山高谷深，沟壑纵横，海拔高低落差大，形成了天然的封闭式地理环境。历史上，居住在独龙江乡的人无论去哪里都要奔波数

龙元村村民用竹篾溜索渡江（宋林武　摄）

过藤桥的姑娘（宋林武 摄）

天，翻越高山、跨越河流，方得抵达。与此同时，沿途险滩横流，杂草丛生，毒蛇出没，十分艰险，并且来回一趟往往就需要十几天，耗时较长。独龙江乡气候条件极端多变，每年约有300天为雨雪天气，山顶与江边、山脚的温差较大，且地质条件复杂，山体滑坡、泥石流等自然灾害频发。就是这样"两山夹一江"的封闭自然环境，使得独龙江乡人民与外界的交往十分困难。

1999年，独龙江乡至贡山县城的96公里简易公路建成通车，结束了独龙江乡不通公路的历史。时至2006年，独龙江乡实现公路村村通，全乡6个行政村相继修通了简易公路，在一

巴坡村钢索竹便桥（宋林武　摄）

雄当麻必洛人行彩虹桥（宋林武 摄）

定程度上解决了百姓出行难的问题。但是，由于公路等级低、路况差，加上公路沿线的气候恶劣、雨水较多，导致泥石流、滑坡现象时常发生，严重影响公路的正常通行。截至2014年，全乡大半年仍因大雪封山与外界隔绝，12个自然村不通公路，通电率仅为29%，31个自然村存在饮水困难。天然的地理环境阻隔，闭塞的交通，加上恶劣的气候和薄弱的基础设施条件，直接导致独龙江乡人民与外界交往甚少，经济社会发展缓慢，面临的贫困问题和稳定脱贫问题典型、普遍而长期，是脱贫攻坚战主战场中的"贫中之贫、困中之困、坚中之坚"。

二、粗放作业,产业单一

独龙族是我国人口较少民族,受传统习惯的影响,多以传统农业为主,其他产业没有形成规模,因此社会发育程度、经济发展水平远远落后于人口相对较多的民族。首先,独龙江乡的农业生产主要以种植草果、花椒、核桃和重楼为主,畜牧业主要以养殖独龙牛、独龙鸡为主,农产品加工业整体发展缓慢,加工层次较低,科技含量不高,多数停留在手工作坊加二

翻越高黎贡山雪山垭口的马帮(宋林武 摄)

水平，农产品加工率、商品率、优质率均处于较低水平。设施农业不发达，仍处于起步阶段，农业技术装备推广力度较弱，农业机械化水平总体较低。全乡龙头企业较少，不能很好地起到辐射带动作用。虽然目前独龙江乡的经济贸易有了一定的发展，但拥有的贸易场所一般规模有限、经营范围相对狭窄、商品种类较少。其次，独龙江乡第三产业由于起步晚，旅游设施尚不完善，很难形成规模效益，所以给当地居民带来的创收较少。粗放作业习惯、薄弱而单一的三大产业基础，使当地经济社会发展一直困难重重。

三、教育落后，发展乏力

教育对贫困代际传递影响深远，受教育水平不高、缺乏现代知识是制约贫困地区群众脱贫致富的重要因素。要阻断贫困代际传递，根本策略就是发展教育事业。习近平总书记在《摆脱贫困》一书中，较为详细地论述了教育和扶贫之间的内在联系，并提出"抓好教育是扶贫开发的根本大计"的战略思想，这一论断充分揭示了教育落后是导致不同阶段、不同地区贫困的元凶，因此，教育在国家扶贫发展大局中具有基础性、全局性的作用。

独龙江乡引入现代学校教育的时间较短，整体的社会教育事业发展缓慢，教育总体水平不高。具体体现在：其一，教学质量不高，人才素质偏低。由于独龙江乡人民分散而居，学校整体布局也较为分散，这就大大增加了办学管理难度，阻碍了规模化发展。其二，校舍简陋，教学设备不足，存在着课桌严重短缺、教学设备跟不上学校教育发展的现象。其三，教师队

在高脚楼上玩耍的独龙族儿童（宋林武 摄）

伍不稳定，缺乏相对良好的教育环境。由于受经济发展水平、地域环境和历史传统的限制，独龙江乡教育事业本身起步较晚，加上资金困难、办学条件差、师资力量不足以及独龙族群众教育意识不够强等因素，使得独龙江乡教育事业整体发展雪上加霜。这些因素严重影响着独龙江乡人民持续提高自身发展的能力，长远来看制约着独龙江乡经济社会的长足发展。

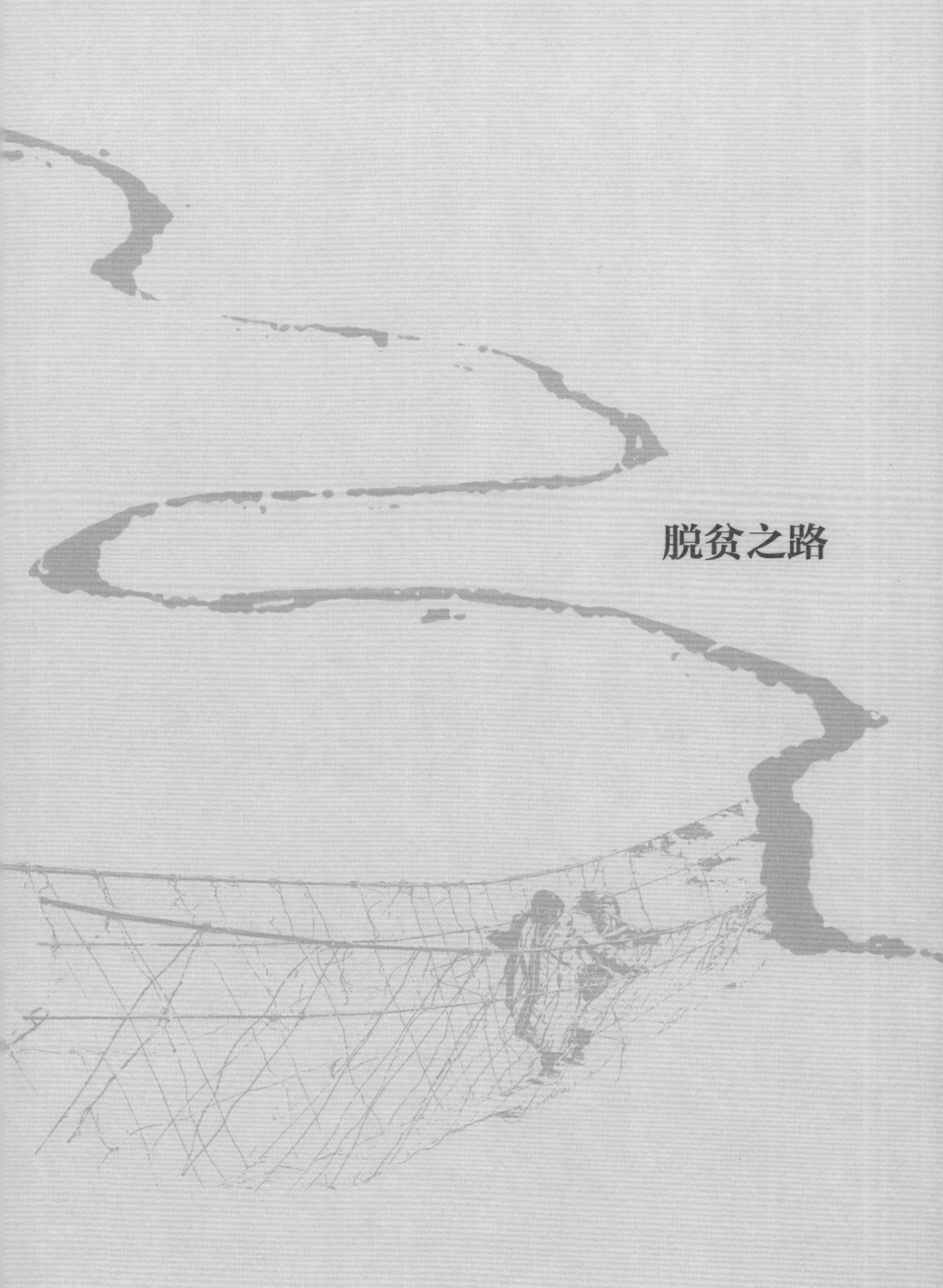

脱贫之路

一、夯实基础设施，破解住行难题

基础设施作为重要的公共产品，不仅能够缓解市场失灵，提高资源的配置效率，促进生产力提高和经济增长，其本身还具有一定程度的益贫性和再分配性质，有助于降低贫困，降低低收入群体参与市场的成本，提高其参与市场的收益，从而逐步消除贫困问题。所以基础设施一直被认为是促进生产力发展和经济增长的动力，常常被视为减贫的基础。基础设施落后一直以来都是制约独龙江乡发展的核心因素，精准扶贫实施以来，独龙江乡始终把基础设施建设放在首位，采取集中力量、整合资源的方式使独龙江乡的基础设施建设发生了翻天覆地的变化。

（一）交通设施实现历史飞跃

独龙江乡是中国最后一个通公路的少数民族聚居区。新中国成立以前，独龙江乡仍处于原始社会末期，独龙族群众曾一度过着"走路靠天梯、过江靠溜索"的日子。山高路远，坡陡沟深，交通条件处于"讲话听得见，走路得一天"的状态。1965年修通人马驿道，从贡山县城到独龙江乡政府单边行程缩短7天左右。据当地群众回忆，他们需要在每年6月份开山解封的季节，把粮食、盐巴、药品和生产资料抢运进山。每年封山

翻越高黎贡山（宋林武 摄）

之前，独龙江乡6个行政村的干部要带领本村两三百人，步行3天，到贡山县领取免费发放的化肥、粮种、洋芋、塑料薄膜等，"6月到10月是雨季，马帮几乎天天泡在雨中"。

从1999年开始，历时6年、投资1亿多元、全长96公里的独龙江简易公路建成。简易公路通车后，从贡山县城到独龙江乡的路程缩短为7个小时左右。随着独龙江公路通车，这里出现了第一间人畜分居的铁皮屋顶新居、第一台水轮发电机、第一个移动通信基座、第一条村间公路、第一家银行——贡山县农村信用社独龙江分社……但受雨雪阻隔，这里一年中仍有大半年的时间与世隔绝。每年11月到次年5月，暴雪封闭了高黎贡山海拔3672米的南磨王垭口，外面的人进不去，里面的人出不来。村民之间的通信靠放炮，全乡与外界的联络仅依靠一部手摇电话，独龙族还是生活在崇山峻岭之中。

针对交通是制约独龙江乡发展的最大瓶颈的实际，根据云南省农村公路规划，本着从根本上解决大雪封山问题、促进

2014年末，高黎贡山独龙江公路隧道正式通车（宋林武　摄）

独龙江峡谷柏油路(宋林武 摄)

独龙族和独龙江乡发展、满足独龙江旅游开发需要的原则，2010年开工建设独龙江公路改建工程。改建工程全长79.98公里（较原有公路缩短16公里，最高海拔由原来的3390米降至3025米），特别是随着高黎贡山独龙江公路隧道的贯通，彻底结束了独龙江乡大半年大雪封山的历史。修建独龙江公路遇到的第一个"拦路虎"就是隧道"开口"，83米厚的冰碛堆积体沙层，涌水便成流沙，一挖掘就会瞬间坍塌。光"开口"就用了半年时间。施工中，常有一两吨重的大石头落下，瞬间把机器压坏。一次山体突发大破裂，100多万立方米的塌方瞬间倾泻而下，厚达4.5米。隧道内涌水量大，"最大时相当于10个标准游泳池，工人们都要穿雨衣作业"。冬天，混凝土只有在5℃以上才能凝固，冷得发抖的工人们不得不烧锅炉给混凝土循环加热。独龙江隧道位于高黎贡山山脉北部，穿越区为高海

保通独龙江公路（余金成　摄）

拔低纬度区，隧道区处于高海拔寒冷地区，属亚寒带气候区。穿越区最高海拔约3900米，进口端海拔约3025米，6680米的公路隧道通车后的行进时间约为20分钟。三年的时间里，筑路者们克服高寒缺氧、山体地质错综复杂、沿途塌方险情不断等困难，攻克"大断层、裂隙多、强涌水、高纵坡"等诸多技术难题，终于打通了这条发展致富的通道……"这条公路对独龙江的发展起到了重大的意义。对于独龙族人来说是一条生命的道路，它不仅仅是独龙族唯一一条通向外界，进行经济社会发展的道路，更是一条生命线。"[1]习近平总书记欣然为隧道命名并题词，同时批示：希望独龙江同胞以积极向上的心态迎战各种困难，顺应自然规律，科学组织和安排生产生活，加快脱贫致富步伐，早日实现与全国其他兄弟民族一道过上小康生活的美好梦想。

独龙江公路蜿蜒在崇山峻岭间，这条与外界连通的唯一通道，是独龙族同胞生产生活和经济发展的命脉，承载了独龙族人民的无限希望。独龙江公路贯通之后，一定程度上解决了独龙族同胞外出通行的困难。但是，由于山高谷深，气候多变的高黎贡山常年处于雨季和雪季，雨天山体滑坡、泥石流等自然灾害频发，雪天雪崩等自然灾害同样常见，雨季清理塌方、雪季除积雪成了独龙江公路养护管理所全体职工的日常工作。多年来，得益于独龙江公路养护队的常年坚守，这条公路才变得更加平坦。

随着独龙江公路的通车，独龙江乡的交通条件有了极大的

---

[1] 【"沿着总书记的足迹·云南篇"】《独龙江：只有横断的峡谷，没有中断的公路》，独龙江乡人民政府微信公众号，2022年6月8日，https://mp.weixin.qq.com/s/PpXr6a8veozkPsLoSwa76A。

改观。数据显示,近年来独龙江乡建成通村硬化道路60公里、人马吊桥11座、三级客运站1个。全乡机动车辆从无到有,共有400多辆。截至2021年末,独龙江乡全乡公路里程达150公里,比2009年末新增31公里,公路等级从无等级砂石路改造成三级柏油路,溜索已基本改成了安全的钢索吊桥。独龙族同胞过去靠人背马驮的出行方式已一去不复返。

(二)水、电、通信设施逐步完善

针对独龙江乡水利设施薄弱、水利化程度极低、灌溉条件极差、防洪排险设施建设滞后、饮水困难等实际问题,国家投入资金,新建了防渗加固农田水利工程20件,总长32.41公里;累计改造农村饮水安全工程29件;农田水利覆盖良田面积

独龙江供电所工作人员翻山越岭抢修电路(余金成 摄)

中国移动信号塔（罗金合　摄）

1000亩，较2009年末净增600亩。实施白来山、龙元山等山洪治理工程6件，建设防洪墙819米，并开展木切尔河独龙江段治理工程。2022年，独龙江乡开展供水延伸工程项目，建设内容主要包括水处理厂、输配水管网及其建筑物等。设计最高日供水能力为1500立方米，工程概算总投资1633.17万元，供水范围为独龙江乡政府驻地及周边村庄。项目建成后独龙江乡政府驻地及周边人民群众将喝上更加放心、更加洁净、更加充足的优质饮用水，对于提高独龙江乡政府驻地区域内人民群众的生活水平、保障人民群众的身体健康、促进区域经济发展具有十分重要的意义。

启动实施独龙江35千伏电网联通工程。完成麻必当、孔目电站改造提升。完成孔目至雄当20千伏电网改造提升。独龙江乡地处滇缅藏交界处的深山峡谷中，全长联网线路52公里，其中最艰难的线路是高黎贡山的原始丛林，这导致许多先进技术用不上力，大网电要进入独龙秘境极不容易。为了保护环境，作业面要控制到最小，大型机械用不上，甚至马帮都不行，只能靠人力。新建的联网线路送电容量为16000千伏安，10倍于原独立电网的供给能力，独龙江联网工程的投运将为独龙江乡迈向现代化提供最可靠的能源。

独龙江乡2004年开通手机信号时，每次只能容纳15人同时通话，第16个人通话时需要走到4公里外去找信号。当时全乡只有1个基站，很多村都收不到信号，有电话的人更是寥寥无几。村里通知开会，甚至要靠放炮传信，一声炮代表一般会议，两声炮则代表紧急会议。2014年开通了移动4G通信网络，建成并开通独龙江孔当、迪兰、巴坡新村、鲁腊、迪兰、肖切等6个4G基站，完成独龙江基站、白来基站、献九当基站、迪政当基站、黑娃底基站10GE设备安装，完成贡山邮电局至独龙江GE至10GE带宽升级，完成独龙江马迪公路班村至滇藏界2个基站建设，实现了群众居住区网络信号全覆盖。2019年，云南省首个5G高清视频通话从独龙江乡打出。作为中国最后一个通电话的民族，独龙族群众的生活进入了5G时代，打通了全省首个5G电话，实现了信息通信发展的巨大跨越。①

新建了广播电视发射塔，开通了程控电话、宽带网络，独龙族群众看上了电视、用上了电脑、用手机获取信息。文面女李文仕正在使用手机微信供前来购买独龙毯的客人支付。李文仕说："我会用微信跟在外地读书的孙子通视频电话，还会刷抖音看视频。"随着网络等通信技术覆盖面的提升，独龙族社交语言从过去单一的独龙语，逐渐扩展到使用汉语等，从过去封闭保守的环境中走出来，增进了对外界的了解与信任。信息高速路的建成，给独龙族的生活带来了极大的便利，从事车辆运输、加工业、旅游和餐饮服务、手工艺品制作、经商等行业的人员，占独龙族劳动力人口的30%以上，广大群众积极参与市场经济，思想观念明显转变。

（三）实施安居工程，实现住房安全有保障

2010年6月启动的云南省贡山独龙族怒族自治县独龙江乡整乡推进整族帮扶安居温饱工程，政府总投资1.34亿元实施农村安居房建设工程，让独龙江乡40多个村寨的1068户4000多名独龙族村民彻底告别了低矮破旧的茅草屋，全部住进了新式稳

---

① 【独龙族整族脱贫故事】《从贫困少年成为带货网红，原来是因为TA》，独龙江乡人民政府微信公众号，2021年3月5日，https://mp.weixin.qq.com/s/4FngPpa5Jk9yCSFTNta-aQ。

固的安居房。

过去独龙族群众居住得十分分散，房屋为简易的茅草房、篱笆房，旧称"木楞房""木垒房""木篾房"。木楞房采用了"千脚落地"的建筑样式，房屋整体与地面距离约1.5米，下部空间传统上用来饲养家畜家禽。房屋结构普遍为卯榫结构，且拼成房屋框架的每块木板都是用斧头和砍刀削成，看起来很不平整，也不太坚固。考虑到独龙江乡独特的区位和独龙族群众戍边固土的职责，在安居房建设规划中，仅将自然条件极其恶劣的9个村的478户进行了集中重建，其余22个村的537

龙元村龙元一组的当西和她的家（罗金合 摄）

户则采取就地重建。最上游的迪政当村熊当小组靠近西藏察隅，最下游的马库村钦兰当小组是热带雨林区，海拔落差带来了建筑差异：熊当安居房屋顶，采用了仿制原民居石片瓦的建筑构造；普卡旺村紧挨河边，安居房保留了之前的茅草房；马库村用竹篾编织外墙，通风通气；在孔当乡，有的建筑屋顶、窗檐用铝片制造成茅草效果，有的仿以三角斜顶、竹篾墙、木楞窗，有的外墙涂以模仿独龙毯的彩虹色，有的则在墙基处垒上鹅卵石；与孔当乡一江之隔的孔当村则保留了木楞房原貌，江雾悬浮山野之间，雾气中木楞房蜕变出温暖的黑褐色。

房屋建造上重点为满足农户安居功能，并体现独龙族的民族特色。墙上刷了原木色漆，再加上深灰色的线条勾勒，远看就像木楞房。房顶的琉璃瓦有三种颜色，分别是藏青色、枣红色和紫红色，它们被用来替代传统木楞房房顶上容易朽腐的木瓦。安居房内部，每家都有主房与厨房两部分。主房有客厅和卧室。厨房是相对独立的部分，大约有20平方米，保留着传统的火塘，一户一个火塘。需要特别指出的是，在安居房建设过程中，上海市对孔当村委会实施了特殊帮扶。普卡旺村民小组在安居房的基础上，扶持每户农户建盖了一幢旅游接待房，内设两个标间或两个单间；腊配村民小组则帮助每户农户建盖了两层楼的住房，二楼可以自己住，一楼可以搞农家乐或旅游接待。

安居房的建设除了满足现代生活的功能外，在选址上当地政府也做了细致的安排。马库村的独都、马库小组村民，开始对将马库村的安居地选在钦兰当小组很有意见："钦兰当住户少，近水，又热又不方便，挨近缅甸防疫难，哪儿比得上独都、马库两组，人多，气候好，又靠近巴坡。不同意，不

腊配新村（宋林武 摄）

接受。"于是工作队和村干部将村民集中到一起开会、分析利弊：钦兰当近江，可解决用料问题且取砂石方便，降低的成本可用于扩大安居房面积；通村路与安居房同时在建，交通不再成为问题；乡卫生院、村卫生室也在建设中……选址钦兰当，未来发展空间更大。最后村民们心服口服："还是政府考虑周到。"

独龙族原来聚居的42个自然村拆并为31个村民小组后，实施整村推进，包括村间道路硬化31条、村卫生公厕62个、改

腊配新村的硬化路面（宋林武　摄）

厩1015间、垃圾处理池31个、科技文化及党员活动室28座等。每个村民小组配有1个篮球场、1个厕所、1个洗澡间，建成1处小组共用猪圈和若干两户共用种植大棚，1—2个固定垃圾处理点。以集中为原则，共建设完成水、电、路、卫生、文化设施齐全的安置点26个，建成独具民族特色的安居房1068户。其中：旅游型安居房323户，配套伙房490间；完成了新建田埂3200米，新建田间道路3150米；新建排导槽520米；土地整治310亩。实现全乡群众安全住房100%保障。如今，每个独龙族群众都住上了安全稳固的住房，独龙江"住房安全有保障"的问题已经彻底解决，实现了从住在洞穴、茅草房到搬进美丽宜居新居的大跨越。

此外，独龙江乡党委、政府在全乡范围内推进了农村人居环境整治行动，开展了党员包保责任制、"每日一晒"、"一周三活动"、"洗澡工程"、"每月一评比"、"五边、五美、五化"专项行动等，把农村人居环境整治与建设美丽乡村有机结合，深入推进，持续治理，发动群众共同参与，掀起农村人居环境整治新高潮。新居既能满足安居功能，体现各村特色，又与自然环境相协调、融合，为打造民族文化旅游特色村奠定了基础。

二、发展特色产业，破解收入难题

在精准扶贫的国家战略下，产业扶贫被赋予了新的内涵，承担起贫困户的"造血"功能，成为精准扶贫的核心。其目标是通过发展地方产业，提升贫困群体自身发展能力，促进贫困地区人口脱贫致富，其"开放式、造血式"的扶贫模式对于改变欠发达地区的"久扶不脱贫"困境有着相当大的优势。独龙江乡深入贯彻落实党中央决策部署，坚持走以生态优先、绿色发展为引领的高质量跨越式发展新路子，做好做实做精特色产业这篇文章。

（一）发展特色种植业，建成"草果之乡"

由于独龙族长期生活在高山上，采集对象除竹叶菜、打格菜（傈僳语，意为块根植物）等食用野菜外，最多的就是草果、黄连、重楼、董棕、葛根、三七、野山药。中药材一直是独龙族与外界进行物资交换的重要货品，有些中药材甚至还曾被作为货币使用，比如用黄连交换盐巴、牛、铁器等。所以，草果、三七、黄连、重楼等野生药材对独龙族群众来讲再熟悉不过了。2009年底，贡山县委、县政府按照"发展产业换穷业"的思路，组织实施了独龙江乡草果基地建设项目。草果的种植要求为：适于生长在温暖、半阴半阳的环境，要求郁闭度在0.5—0.7之间，腐殖质深厚的森林黄壤、棕壤的阴坡疏林下。经实地测量，以独龙江乡为核心区，在孔当村、马库村、巴坡村、献九当村、龙元村等5个行政村推广了草果种植，建成草果基地1万亩，包括标准化草果核心示范园0.1万亩、草果生产基地0.9万亩。2010年，按照"公司+专业合作社+基地+农户"模式，供销社牵头注册了独龙江草果合作社；2011年，由贡山县荣华农资土产有限责任公司投资180多万元，建成了独龙江乡草果烘干厂。自此，草果被定为独龙江乡特色经济作物，在当地大力推广。

2011年后，村民们陆续开始种植草果。熬过了草果种植最艰难的挂果期，2012年全乡草果收成80吨，收入48万元。截至2013年末，全乡草果种植由2010年的1万亩增加到4万多亩，产量达到284吨，比2009年净增281.2吨。独龙江乡草果产业的发展，离不开国家的大力扶持与投入，也离不开当地老百姓敢想敢试敢干的冲劲。例如，老县长高德荣创立的"斯达草果实验基地"，从最初的3亩试验田发展至80亩，参与培训人次截至2014年底累计5000余人。一方面，"少数人"的先行试种，为农户规避了可能产生的种植风险，以一种血缘、地缘基础上的奉献式情理关系换取农户的信任与认同，作为土生土长的独龙族，高德荣就是大家口中值得信任的人，连年轻村民都表示：

"老县长良心好,关心我们,我们都信得过他。"另一方面,信任关系随着互动中技术要素因地制宜的转化与日常管护知识的传播得以延伸。

除此之外,基层政府的大力支持也是另一重要因素。包括:统一收购价格,保护种植户利益,起到农户与商家交易的良好中介作用;通过官方网站和参与供销会,为买卖双方及时提供各种供需信息,将市场给小农户带来的风险降到最低;为村民提供种植技术和现代生产工具操作与种植管理的各类培训。"将肥料均匀地撒施在草果冠幅范围下的地面,注意不要将肥料撒在秆基部或太靠近秆基部,那样会造成烧根。"2019

草果丰收的喜悦(杨时平 摄)

巴坡村农户草果丰收（宋林武 摄）

年独龙江乡深入开展林下草果种植"科技壮苗"培训会上，群众按照施肥技术标准，刨开土壤，撒下肥料，再盖上落叶和土壤。利用除下来的老叶和杂草进行草果根部覆盖保温，待其腐化后又成为肥料，这样使得花芽长得更好了。通过指导群众根据草果不同长势实行因苗管理、分类指导、施肥壮苗，做到早发现、早预警、早防治，避免因病、虫、草等危害影响草果生长。近年来，独龙江乡加大农业科技投入力度，基层农技人员能力提升培训工程、先进高效农业补贴项目、草果提质增效工程建设等一系列惠民生、办实事、见成效的项目实施落地，全面提升了藏粮于地、藏粮于技的水平和能力，持续巩固拓展脱贫攻坚成果，扎实有效推进乡村全面振兴，为农业高质量发展注入了强大动力。基层政府还为种植户创造了各种销售渠道。

2017年草果等农产品丰收后，怒江州组织十余家企业和农民合作社参加各类博览会，如第八届广东现代农业博览会、在贡山县丙中洛镇举办的农土特产品推介宣传会等，为农民的草果等中药材以及野生蜂蜜、菌干、茶叶等生态农产品起到了供销信息的沟通和中介作用。如今，作为万年配角的香料草果，在怒江已成为万众瞩目的主角，草果花苞、草果芽、草果鲜果都被做成了菜品。草果丰收的季节，当地草果宴上，满桌用草果制成的菜品让人大开眼界。更为特别的是，草果还能泡酒，草果制成的啤酒不仅口味独特，还具有一定的养生功效。

在政府的带动下和群众的参与中，独龙江乡的草果产量逐年攀升。2013年，全乡累计种植草果6.8万亩，人均超过15亩，产值700多万元，人均增收1800多元。草果产业已经成为怒江州带动力最强、辐射面最广的产业，带动了怒江州沿边3个县市116个村4.31万名农户发展了111万亩草果，受益群众达16.5万人。发展草果产业已经成为怒江州实现巩固拓展脱贫攻坚成果同乡村振兴有效衔接的重要途径。

（二）着力发展特色旅游产业，打造"中国西南最后的秘境"

依托峡谷自然风光、人文遗迹、民俗风情、农业生产、农民生活，以农户为载体，积极创新旅游扶贫产品，主动适应国内外旅游市场变化，调整旅游产品结构，创新传统产品的策划、包装，加大产品开发力度，不断为独龙江乡的旅游注入新的活力，使独龙江乡之旅成为体验独龙江探险、民族文化，提高生物多样性保护和环境保护意识之旅。

依山傍水的独龙江乡，江水清澈碧绿，山林茂密青翠，依托独特的生态和文化资源，独龙江乡建起了旅游景区。2021

年，独龙江景区成功创建为国家AAAA级旅游景区，月亮瀑布、森林小镇、生态漂流吸引了大批游客。在基础设施建设方面，以"中国西南最后的秘境"为主题，依托上海市的帮扶平台，前期投入3240万元，集中建成了钦兰当、巴坡、普卡旺、龙元、迪政当5个民族文化旅游特色村和15个观景台。以孔当村为例，其已经成为独龙族文化与现代时尚生活充分融合的独龙族文化体验中心、时尚休闲中心，主要由独龙风情街、滨江风情道和独龙族博物馆等组成。独龙风情街是孔当的核心街区，容纳众多具有独龙族风情的酒店、商店和餐馆以及文面女广场。滨江风情道以情侣路为主题，沿独龙江而设，一侧是独龙江水的汹涌澎湃，另一侧是秘境园林的幽雅静谧。独龙族博物馆系统展示了独龙族的历史文化及各个历史时期的生活面貌。再如，普卡旺民族文化旅游特色村，依山傍水而建，东、南临独龙江和普卡旺河，背靠担当力卡山，绕村而过的普卡旺河碧蓝清澈，整个村落田园风光古朴，宛如世外桃源。2019年，对独龙江旅游景区的基础设施进行了进一步建设，重点包括景区换乘系统、月亮瀑布景区、巴坡生态工艺旅游村、普卡旺原始民宿体验村、沿江生态绿道、孔当森林小镇、献九当生态民宿村、独龙江生态漂流、龙元美食村、迪政当生态游憩村、雄当景区、孔当小镇入口区、"卡雀哇"客厅、独龙游客服务中心、独龙特色街区、民族养生馆、独龙秘境演艺厅、独龙自然科普馆等项目。此外，正在建设的"克劳洛"原始部落位于独龙江乡迪政当村，是独龙江乡重点打造的独龙族传统文化与生态美景相融合的旅游项目，该项目的房屋以独龙族传统民居木楞房为原型建造，具有强烈的原始村落感。目前，"克劳洛"原始部落已完成28栋主体房及配套伙房建设，正在进行

樱花盛开独龙江（罗金合 摄）

独龙江畔(罗金合 摄)

马库村的月亮瀑布（余金成　摄）

民俗文化广场、河边凉亭、活动场所、乡愁记忆水磨房等配套设施建设。

在旅游技能培训方面，一是积极参加县文化和旅游局组织开展的各类培训。培训包括户外向导、乡村导游、酒店管理、厨艺培训、乡村旅游开发建设等。二是开展旅游管理接待服务和酒店管理系统培训。邀请云南财经大学教师对独龙江乡集镇范围内的酒店及农家乐，进行了接待礼仪、人员管理和服务优化等各方面的系统培训。三是厨师厨艺培训。针对独龙江乡旅游发展需要，联合县人社局和职业学校开办中式烹饪、民族特色糕点制作培训班，涵盖6个行政村，200多人次受益，大大增加了农家乐的餐饮接待能力。

此外，为了增强旅游发展的可持续性，独龙江乡还不断挖掘旅游发展的内生动力，结合各村实际开发适合本村的旅游接待项目。例如：迪政当村文面女占比多，村委会就负责将文面女集中起来，与游客进行合影留念；巴坡村是红色爱国主义教育基地，就让讲解员给游客详细介绍爱国主义教育基地。发动农户自主经营农家乐。让有条件的家庭经营农家乐，支持建设200余户具有当地特色的农家乐，既增加了接客容量，又提高了农户收入，打牢了脱贫致富产业基础。完成独龙族特色菜谱收集工作。积极配合县文化和旅游局完成"贡山特色菜谱"及"独龙特色菜谱"的收集和整理工作，共收集特色菜谱73种。开展独龙族民族传统手工艺品传承开发挖掘项目，目前已成立了独龙族工艺品协会，协会成员80人，开办了"非遗+扶贫"传统手工艺独龙族民间编制技能培训班、中缅（独龙族—日旺族）民间编制技能交流培训班等，正在注册独龙族民族工艺品

烹饪技能培训（独龙江乡政府　供图）

神田冬景（潘锦秀 摄）

合作社。由县文化和旅游局主导开发并扶持建设了"独龙人家家访""独龙王子"及"独龙文面"等5个独龙族文化旅游体验项目。2018年,独龙江乡旅游收入达到181.37万元,人均增收435元。

通过大力发展旅游,带动独龙江乡产业结构调整与优化,实现怒江大峡谷旅游扶贫,使怒江州走上一条可持续发展的生态旅游之路。

(三)特色产业遍地开花,农民收入节节高

独龙江乡南北纵距91.7公里,自然条件各异,资源禀赋不同,乡党委、政府按照"生态立乡、产业兴乡、农旅富民"的发展思路,立足实际,不断探索产业发展模式,结合独龙江乡6个行政村的土壤、气候等条件,重点引导群众发展草果、重楼、独龙牛、独龙蜂、农家乐等产业,实现了家家有产业、户户能增收。

灵芝烘干(独龙江乡政府 供图)

针对迪政当村不适宜种植草果的实际情况和献九当村、龙元村草果产量不高的问题，乡党委积极探索并推广林下种植中药材重楼、黄精、灵芝，与生态文明建设相结合，将中药材作为高黎贡山自然封育播种的重要品种之一，实现生态效益与经济效益、社会效益"三赢"。在迪政当村灵芝种植基地，村干部开春便带领群众种下的50亩集体经济灵芝菌种已经发芽了，绿叶衬托下的黄色嫩芽甚是可爱。一般灵芝种一次可采收5年，第一、二年亩产在50公斤左右，按现行市场价（干货价）1公斤280元算，亩产值在12000—14000元之间。第三、四年高峰期亩产在200—400公斤，亩产值在56000—112000元之间。在龙元村的花椒种植地，乡农业综合服务中心技术人员正在耐心地为村民讲解花椒种植技术："栽植时应挖大窝，施足底肥。可以加入100克鲜石灰粉，以防根腐病。注意行距，一般为2.5米×2.5米。坡度大的，可以种密一点；坡度小的，要种宽一点。土壤肥厚的，行距大点；土壤瘠薄的，行距小点。株苗大的，行距大点；株苗小的，行距小点。既要充分利用地力与光能，又要适应花椒的生长发育，达到花椒丰产、稳产、质优、长寿的目的。"得益于得天独厚的自然条件，龙元村出产的花椒口感倍佳，远近闻名。2021年，独龙江乡种植草果5万多亩、花椒8700多亩、核桃5000多亩、重楼1800多亩，养殖独龙蜂3000多箱，投放独龙牛800多头，建成独龙鸡保护和扩繁基地1个、草果烘干厂1个、专业合作社7个，建成民族文化旅游特色村5个、旅游观景台15个。在开展精准扶贫工作（帮扶工作）以前，独龙江既没有产业，也没有外出务工人员，2009年农民人均纯收入仅有908元，通过开展精准帮扶工作，大力发展产业，组织群众外出务工和开办农家乐等，2014年人均纯

田间劳作（韩博 摄）

收入达到2525元。

截至2014年末，全乡农村从业人员中，从事旅游和餐饮服务的达45人、从事车辆运输120人、外出务工250人、从事加工业10人、个体经商300人、手工艺品制作56人，占独龙族劳动力总数的35%以上。独龙江特有的生物产业、旅游产业粗具规模，带动了经济发展、群众增收。2014年，全乡农村经济收入1245万元，比2009年增长128%；农村居民人均可支配收入2525元，比2009年增长164%。2018年农民人均纯收入达6112元，2019年农民人均纯收入达7000余元。

乡村振兴靠产业。发展产业是独龙江乡农业发展的"活水源泉"，只有通过因地制宜，不断挖掘优势资源，持续拓宽农民的增收渠道，才能让群众的生活发生看得见的变化，让群众得到更多的实惠，朝着共同富裕的方向稳步前行。

三、注重保障民生，实现均衡发展

过去，独龙江乡整体社会事业建设严重滞后，教育、科技、文化、卫生等发展缓慢。基于解决基础性的民生问题，使广大独龙族人民享有最基本的生产生活资料，让社会发展的阳光普照全乡各个角落，党委和政府围绕教育、健康卫生、社会保障等社会事业进行积极建设。截至2021年，城乡居民医疗保险率达100%，适龄儿童入学率、巩固率和升学率均保持在100%。2021年，发放特困户补助及护理补贴372.33万元，发放孤儿补助18.528万元，发放边民补助1012万元，群众的获得感、幸福感、安全感得到不断增强。

（一）完善医疗卫生基础设施，农村基层医疗卫生服务能力不断提高

2009年以来，怒江州加大对独龙江乡的资金投入力度，加

巴坡村乡村医生孟文新在卫生室里工作（潘锦秀　摄）

强农村医疗卫生基础设施和基础护理设施建设，以此提高基层医疗卫生服务的可获得性、负担能力和质量。从2010年开始，全乡村级卫生室就做到了所有行政村全覆盖。截至2021年，独龙江乡有村中心卫生院1所、卫技人员12人、乡村医生9人，实现了每千人拥有2.63名乡村医生。投资140万元，建设了独龙江乡中心卫生院门诊、医技综合楼及干部流转病房2栋1000平方米，中心卫生院总面积3946平方米，有病床15张，每千人床位数为3.40张。投资50万元，提升改造了5个行政村卫生室，每个村卫生室设有2张观察床。自从2016年开展新一轮东西部扶贫协作以来，珠海市先后派出5批9名医护人员来到独龙江乡，专业涉及内科、外科、儿科、药剂、公共卫生、急诊护理

州县医院医生到独龙江乡义诊（宋林武　摄）

等，他们都是大学本科以上学历的专业医务人员，最高职称是主任医师，这些高水准的珠海医护人员不仅带来了先进的技术，还带来了先进的设备——珠海市金湾区捐赠的近百万元的远程诊疗系统和价值50万元的救护车。2018年，家庭医生签约覆盖率达100%，居民健康档案管理建档率达96.39%，城乡医疗保险参保率达100%。

（二）健全教育体系，提升群众受教育水平

独龙江乡幼儿园于2013年建成，当年11月开始招生，结束了独龙江乡没有学前教育的历史。2015年，乡政府与中心学校组织志愿者到献九当、龙元、迪政当3个村委会，进行了为期10天的学前教育培训，有效地解决了独龙江乡因缺少幼儿园，导致大量独龙族学龄前儿童无法接受教育的难题。

截至2018年，独龙江乡共有4所学校，乡九年一贯制学校1所，村教学点2所，幼儿园1所。全乡学校占地总面积为12393平方米。中小学在校生605人（小学在校生382人、初中在校生142人、学前学生81人），幼儿园在校生53人。独龙江乡九年一贯制学校有在职教师69人，其中初中部教师20人、小学部教师49人。小学部教师专科以上学历46人，占教师总数的94%；初中部20名教师全部为本科学历。此外，每年还有外部教师交流和教师志愿服务者到学校任教，他们把先进的教育理念和教学方法带到独龙江乡，改变了独龙江乡的整体教育教学观念，为独龙江乡义务教育的均衡发展注入了新活力。

自2016年开始，独龙江乡实施学前2年、小学到高中12年共14年的免费教育。截至2018年底，全乡适龄儿童入学率达100%，初中阶段毛入学率100%、巩固率100%，小学阶段入学率、巩固率和升学率自2010年至2018年连续9年保持100%。全

独龙江乡九年一贯制学校的独龙族学生（余金成 摄）

面落实农村学生营养改善计划、"两免一补"、贫困生资助等政策，持续巩固义务教育均衡发展成果；全面落实控辍保学"四步法"，抓实抓细"一校一案""一班一策""一生一档"，确保适龄儿童少年不因贫失学辍学。

职业教育在脱贫攻坚中具有"金钥匙"的重要作用，是阻断贫困代际传递最直接、最有效的方式之一。精准扶贫以来，云南省不断加大对贫困地区职业教育的投入力度，尤其是在东西部协作行动计划的帮扶下，在东部四省市（上海、天津、江苏、浙江）接受中等职业教育东西分段培养的三年级建档立卡贫困学生以及东部单独培养招收的初中起点一、二、三年级和高中起点一年级建档立卡贫困学生，就读期间，在享受国家免学费和国家助学金政策的基础上，还可享受"雨露计划"的每生每年5000元资助和中国教育发展基金会每生每年2000元资助。

  独龙语属汉藏语系藏缅语族，独龙族历史上没有文字，主要以刻木、结绳的方式记事和传递信息，语言不通一度成为独龙族经济社会发展的桎梏。自从2016年有了学前教育，独龙族的孩子们才开始学说普通话。现在，在幼儿园里，教师和孩子们既讲普通话，又说独龙语。2018年12月8日，独龙江乡中心学校举办了2018年秋季学期"山水教育——读国学、诵经典"国学经典朗诵比赛，激发了学生学习普通话、学好普通话的热情，拓展了教师开展普通话教学的思路，实践探索了"第一课堂"与"第二课堂"的联动，为普通话教学工作提供了良好的助力。

  通过教育精准扶贫，独龙江乡人均受教育年限从2009年的4.7年提高到了5年，独龙族有了第一个女硕士研究生。一方面，精准扶贫为贫困学生提供了相适应的教育资源，促使优质资源向贫困地区倾斜，对贫困家庭的孩子提供教育资助，确保每一个孩子都能依法接受教育。另一方面，通过教育精准扶贫，帮助贫困家庭父母进行职业技能培训，重返劳动力市场，给贫困家庭父母提供良好的育儿观念与方法。健全的教育体系在增强贫困家庭、贫困个体自身"造血"功能的基础上，有效提升了脱贫人口的可持续发展能力，从而保障了子女的教育发展，阻断了教育贫困代际传递。

巴坡村群众参加歌唱比赛间隙(潘锦秀 摄)

近年来,独龙江乡把农民教育培训摆在全面推动乡村振兴的突出位置,把"贴心服务"送到千家万户,形成了把农民教育培训与农业产业发展、巩固拓展脱贫攻坚成果、新型农业经营主体培育等紧密结合起来的培训模式,每年开展职业农民系统技能培训400人次以上,实用技能提升培训受训1658人次。独龙江乡农村劳动力职业技能培训与时俱进,除加大电子商务系统建设和培训外,还与特色产业、非物质文化传承、传统技艺发展和工匠精神培育相结合,充分运用田间课堂、农民夜校、网上教学等"互联网+培训"的形式,为"三农"发展增加更多的独龙江特色,让更多的老百姓成为推进乡村振兴的主力军、领头雁,加快高素质农民从事高质量农业的步伐,增强农业农村发展活力,提高人力人才资源保障。

(三)构建多层次的社会保障体系,筑牢社会安全网

一是全面落实医疗保障政策。对贫困人口参加城乡居民医疗保险个人缴费部分给予全额资助,实现参保率100%。大病、慢性病家庭医生签约服务率达100%。医疗保险和养老保险参保率实现100%。

二是实施社会兜底,破解难扶问题。严格实施社会兜底政策,大力开展摸底调查工作,做到应纳则纳、应兜则兜,全面巩固"六类人员"及"边缘户"收入问题。全乡目前享受农村低保群众330户973人,其中建档立卡户240户724人;社会

独龙江乡第一家敬老院(宋林武 摄)

龙元村独龙族文面妇女（宋林武 摄）

兜底保障人数62户82人，其中低保兜底保障15户29人、特困户兜底保障40户41人、孤儿兜底保障7户12人。2019年，共发放农村低保金167.81万元、特困户补助金34.50万元、孤儿补助金13.59万元。全乡持证残疾人76人，按规定均享受"两项补贴"，2019年发放残疾人"两项补贴"3.30万元。

三是实行边民补贴。独龙江乡西南与缅甸毗邻，边境线总长115公里。为了改善边境地区群众的生产生活条件，增加边民收入，激发边境地区群众参与边境管控的积极性、主动性，过去常开展关爱边民活动。国家每年发放给一线边民每户食用

迪政当村脱贫后幸福的文面老人（宋林武 摄）

油及盐各20公斤，煤油20公斤，慰问金每人50元，对特困户另增加补助50元。为改善边民生活，鼓励边民固防守边，国家进一步制定了边境一线农村居民生活补贴制度，明确规定陆地边境0—3公里范围内的农村居民享有边民补助政策。对于符合条件的，每户给予1000元的补助，并实行动态管理。对于不再符合享受边民生活补助条件的农村居民，经县级民政部门复核确认后停止发放边民补助。

在农村地区先后实行的新型农村养老保险、新型农村合作医疗、农村生活最低保障等制度，无论是社会保险制度体系，还是保障受益群体的范围都在不断扩大，全民保障的理念已经得到初步落实，在保障生存发展、调节收入分配、实现社会公平方面起到了积极作用。

四、发挥生态优势,守住绿水青山

独龙江乡地处高黎贡山国家级自然保护区和"三江并流"世界自然遗产核心区,这里地理区位独特,气候特殊,物种丰富,是有名的"生物基因库"。独龙江乡森林覆盖率为93.13%,负氧离子每立方米高达8000个。中国科学院生物多样

高黎贡山保护区高山湿地(宋林武 摄)

性委员会编写的《中国生物多样性》一书中指出:"具有世界意义的陆地生物多样性关键地区和重要的模式标本产地,其地学上的独特性和生物学上的保护作用是我国最重要、最理想的保护区。"

独龙江乡最宝贵的资源是生态,最具有发展优势和潜力的也是生态。以前,独龙族刀耕火种的生活方式不仅会破坏生态,而且难以解决温饱问题,一些村民只能靠砍伐树木、猎捎野生动物去换粮食。近年来,坚持树牢和践行"绿水青山就是金山银山"的发展理念,独龙江乡扎实做好各级各类生态环境保护督察检查反馈问题整改,坚决打好蓝天、碧水、净土三大保卫战,通过生态保护、生态产业和生态补偿"三管齐下",独龙江乡在实现"天更蓝、山更绿、水更清、花更艳"的同时,独龙族群众也得到了更多的绿色红利。如今,"绿水青山就是金山银山"的理念,已在独龙江乡深入人心;像爱护自己的眼睛一样保护好生态环境,已成为独龙族群众的普遍共识。村里人说:我们捧上了"绿饭碗",不砍树不烧山也能致富。

在生态保护方面,从2001年开始,独龙江乡正式实施天然林保护工程。2012年8月开始,全乡开始实施"天保工程"二期,涉及管护总面积3247085亩。目前,每年的"天保工程"管理费用为58.56万元。2013年,为配合"独龙江乡整乡推进、独龙族整族帮扶"工作,全乡争取了210万元资金投入,新增封山育林面积300005亩。工程实施以来,通过飞播造林、封山育林等方式,使得独龙江两岸的森林覆盖率逐渐恢复,水土流失不断减轻,生态环境也逐步获得改善。

独龙江乡被划为高黎贡山国家级自然保护区的面积有171513公顷。保护区面积大,森林养护任务重,需要很多护林

独龙江峡谷(罗金合 摄)

员。为了管理好这支队伍,贡山县成立了专门机构,县级设立森林资源管护大队,乡(镇)级成立森林资源管护中队,村级成立森林资源管护小队,村民小组成立管护小组,实行四级管理模式,并制定管理办法和考核制度。通过严格贯彻落实《独

普卡旺河渡桥（独龙江乡政府 供图）

龙江保护管理条例》，严格执行退耕还林、封山禁牧政策，建立"五大员"（生态护林员、环境保洁员、河道管理员、地质灾害监测员、巡边护边员）聘用制度，有效保护了生态环境。目前，有生态护林员369人、河道管理员113人、地质灾害监测员102人,在带动独龙族整族人口稳定增收的同时,也筑牢了祖国西南生态安全的第一道屏障。除日常巡山管护外,还在社区大力开展相关林业法律法规政策及森林防火宣传,有效防止乱砍滥伐、偷砍盗伐等不法行为的发生。高黎贡山自然保

护区管护站的护林员,除了巡山,还有监测野生动植物的任务。在巡山过程中,护林员们通过读书学习等方式,不断熟悉国家重点保护动植物名录,熟练掌握了管护区内分布的动植物情况。"现在生态保护得好,野生动物也多了,独龙江戴帽叶

清澈的普卡旺河(独龙江乡政府 供图)

猴有200—300只，还能看到高黎贡羚牛。"村民李玉花自2016年被选聘为护林员，就和队友们时常穿梭于独龙江两岸，守护着迪政当村的天然林。她经常利用巡山的机会，用独龙语向乡亲们宣讲守护森林和防火等政策。2021年，李玉花站上了中央电视台"闪亮的名字——最美生态护林员"发布及颁奖仪式的舞台，作为全国20名荣获"最美生态护林员"称号的基层生态护林员，她代表云南省18.3万名生态护林员接受了由中央宣传部、国家林草局、财政部、国家乡村振兴局联合颁发的"最美生态护林员"证书。正是有了这些护林员的忠于职守，迪政当村才没有发生过偷砍盗伐、偷捕盗猎等破坏森林资源的情况。"绿水青山就是金山银山"，巩固"两山"成果，生态环境质量会更加优良。

在发展生态产业方面，近年来，独龙江乡已探索出一条不砍树、不烧山也能增加收入的生态产业之路。借鉴林下草果种植的成功经验，独龙江乡把在25度以上的陡坡地全部退耕还林，引导群众积极种植漆树、核桃、花椒等经济林果，并通过"林+"模式，扶持群众养殖独龙牛、独龙鸡、独龙蜂等，发展羊肚菌、葛根、黄精等特色产业，逐步形成以草果为主、其他3—5个品种为辅的特色产业结构体系，力争实现生态建设和经济发展"双丰收"。迪政当村村民龙某正在地里忙碌着种植黄精，他说："独龙江乡拥有优越的生态环境，是黄精种植的一块宝地，1亩林地可以种植3700多株，3—4年可以采收，一般1亩在800—1000公斤，按现行市场价（鲜统货）1公斤16元算，亩产值在12800—16000元之间。扣除成本，1亩地能收好几千块钱。"近几年，怒江州政府持续加大科技投入，聘请省内最有影响力的有关专家成立中药材产业发展技术指导组，为

广大种植户提供药材种植和管理技术。

此外，林下散养独龙牛、独龙鸡是独龙族的传统特色产业，而"林+蜂"科学养殖模式，也是一项新兴的特色产业。独龙族群众创造性地在林下草果地里尝试招引野生中蜂，并成功收获蜂蜜。草果花为蜜蜂提供了丰富的蜜源，蜜蜂则通过采蜜为草果传粉，提高了草果挂果率和产量，二者互利共生。

独龙牛（潘锦秀　摄）

2015—2018年，县农业和科学技术局结合高原特色贡山蜂养殖项目，免费发放标准蜂箱1825个，积极开展当地蜂种养殖技术示范推广，截至2018年底，独龙江乡成功招养独龙蜂4625箱。

独龙江乡党委、政府因地制宜，积极探索并推广"林+"生产模式，提高了林地利用率和产出率，找到了一条长期稳定增收的路子，不断增强内生动力。特别是在不适应草果种植的迪政当村、龙元村，改种黄精、重楼等林下中药材。以灵芝、特色经济林、涉林旅游为发展重点，不断调整林业产业结构，提高了林业的经济效益，发挥了林业产业扶贫的主力军作用，促进了林业专业化、规模化发展。"林+中药材"模式与健康产业发展相结合，将中药材种植作为当前和今后一个时期农业产业结构调整的重点之一。与脱贫攻坚、乡村振兴相结合，将中药材产业向低收入地区布局、向低收入群众倾斜，使之成为群众脱贫致富和农民持续增收的一条新渠道。与生态文明建设相结合，将中药材作为山区自然封育播种的重要品种之一，实现生态效益与经济效益、社会效益"三赢"。与文化旅游产业发展相结合，奋力实施全域旅游发展战略，将林下产业打造成为生态观光旅游业。

在生态补偿方面。2001—2004年在独龙江乡实施退耕还林7000亩，总投资1932万元，粮食折现1617万元，827户3722人得到了资金和粮食补助，既改善了环境，又基本解决了温饱问题。独龙江乡搭上了怒江州率先在云南省实施生态护林员、地质灾害监测员、河道管理员等公益岗位选聘工作的首班车。通过生态补偿政策，实现了群众在村里就业、在家门口脱贫。2016年底，县林草局积极贯彻落实党中央"利用生态补偿和生

独龙族和傈僳族护林员在高黎贡山巡逻（宋林武　摄）

态保护工程资金，使当地有劳动能力的部分贫困人口转为护林员等生态保护人员"的要求，指导独龙江乡开展建档立卡贫困人口生态护林员选聘工作，共选聘195人为生态护林员，加上原有的其他各类护林员，目前全乡共有护林员313名，每人每年有1万元的工资性收入。除了生态护林员的选聘，独龙江乡还成立了第一家生态扶贫专业合作社——独龙江乡建绿保林生态扶贫专业合作社。该合作社成立于2018年12月27日，有成员20人，其中建档立卡户10人（户）。目前，他们正在实施森林抚育、金耳种植、葛根种植项目，在家门口实现了护林的工资性和生态项目的劳务性双份收入。合作社负责人表示："我们承接的森林抚育项目共有7247亩，今年上半年，通过森林抚育，合作社员共计劳务性收入182340元，人均有近10000元的收入了。"

独龙江穿林而过（罗金合 摄）

五、提升社会治理水平,做到强基固本

贫困地区的社会治理与反贫困效果存在密切关系。中国实施精准扶贫的关键在于如何完善村级的社会治理,这是扶贫资源传递的"最后一公里",对于反贫困的成败发挥着至关重要的作用。联合国资本发展基金在其报告中将反贫困中的治理问题引向了基层治理和社区参与,认为基层治理对基层的发展至关重要,因此需要支持地方政府的能力建设和简政放权,提出要加强基层的公众参与,提高政府的效率和决策透明度,增加公平、担当责任以及重视性别平等。从发展和反贫困的角度看,治理不仅要关注顶层设计,更要关注在基层社会的治理机制。独龙江乡在提升基层社会治理水平方面作出了创新举措。

(一)聚焦基层党建引领,充分发挥"领头羊"作用

强化党建引领,夯实边疆执政基础。坚持党建引领,始终把基层党建贯穿于基层社会治理的全过程和各方面,积极探索"基层党建+社会治理"工作模式,推动实现基层党建与基层治理"联建双推"、有机衔接、良性互动。持续巩固"不忘初心、牢记使命"主题教育成果,不断深化"自强、诚信、感恩"和"听党话、感党恩、跟党走"活动,推动基层党建和脱贫成效巩固、乡村振兴融合发展。深入创建马库村党总支"国门党建"示范点、巴坡村党总支"红色记忆"示范点、孔当村党总支"四位一体"示范点、献九当村党总支"素质提升"示范点、龙元村党总支"产业发展"示范点、迪政当村党总支"文化传承"示范点,加强示范引领。

"三会一课"（潘锦秀 摄）

通过实行"到一线思考、调研、服务、锻炼、生活"的"五到一线"工作法，独龙江乡党委班子成员把组织关系转到各村党支部，全面参与村党组织建设工作，乡政府干部职工挂村包组，打通政策落实的"肠梗阻"。通过在乡村干部办公室门口挂红黄蓝三色牌的方式开展挂牌督战工作，切实解决了服务群众的"最后一公里"问题。开展党员包户联系群众制度，根据党员自身条件，乡村干部、工作队员一个党员包两户群众或者包五户群众，开展人居环境提升、政策宣传、外出务工、

村民填写选票（余金成　供图）

意识形态、产业发展等十大包户联系工作，实现了网格化和精细化管理服务。加强党对宗教工作的领导。持续开展教堂升国旗活动，实行村组干部联系教堂负责人制度。每季度开展宗教人士座谈会制度，向宗教人士宣传党的宗教政策。

以党的建设贯穿基层治理、保障基层治理、引领基层治理。充分发挥党员干部在基层管理服务中的先锋模范作用，把党组织的服务管理触角延伸到社会治理的每个末梢，实现党委领导下的政府治理和社会调节、居民自治良性互动。

（二）整合基层力量，强化基层治理基础

一是依托村干部、驻点民警（辅警）以及社会工作者、志愿者、党员、楼栋长等，整合构建了"1+3+3+N"工作体系，即1个领导机构（综治中心）、3个工作业务室（警务室、调解室和网格室）、3支专门队伍（治保员、调解员和网格员队伍）、N支法治宣传和服务指导队伍，通过建立法治宣传教育、法律援助服务、巡回法庭、人口服务管理等流动性服务指导队伍，组织警官、法官、检察官、律师、法律工作者等定期

警民一家亲（独龙江乡政府　供图）

帮助出行困难群众（独龙江乡政府　供图）

不定期到乡、村开展政策法规宣讲,确保建成的7个综治中心作用得到充分发挥。独龙江乡边境派出所坚持以"党建显成效、群众工作好、矛盾不上交、平安不出事、服务不缺位、队伍过得硬"为目标,通过创新社区警务工作模式、打造靠前服务品牌、设立便民利民服务站、搭建独龙族群众服务群等方式,较好地实现被动警务向主动警务的转型升级。

二是按照"居住分布,方便管理,界定清晰"的要求,将全镇划分成网格体系,初步形成"小网格,大服务"的格局。充分依托民警、党员、民兵、治保调解员、综治网格员、护林

独龙人民的贴心人(潘锦秀 摄)

员等基层力量，组建了党员平安志愿队、义务巡逻治安联防队、网格员队伍3支群防群治队伍，共同合力编织了一张综治维稳网络。实行区域联动、人员联勤、群策群力，组织群防群治队伍开展日常巡逻防范、矛盾纠纷调解、安全隐患排查、村情民意收集、实有人口协管、平安村组创建等基层治理工作，实现了"村里治安村民管"，做到了"小矛盾不出村、小纠纷不上交"。

三是强化科技支撑，增强边疆社会治理效能。加强边境立体化治安防控体系建设，依托乡、村7个综治中心和6个抵边警务室，实行"社区民警+专职辅警+护边员"勤务模式，强化社会面治安防控。创新"网上枫桥经验"，主动设立乡、村、网格群众工作微信群，发动党员、村委会工作者、网格员、人民调解员等"进群"，建立相应的诉求收集、解决、回应机制，及时发现苗头隐患，提前介入进行调处，有效降低矛盾纠纷引发的案件数量，将风险隐患降到最低，推动网格服务管理工作的落实。大力推进"互联网+政法服务"建设，构建线上线下一体的智能化政法公共服务平台，推动"马上办""一次办""网上办"。

（三）持续推进"三治"融合，助推乡村治理效能

在自治方面，一是切实加强村"两委"建设，选优配强村干部队伍，进一步优化乡村干部队伍结构。全乡6个行政村的村干部中，有公务员1人，本科学历有3人，大专学历有13人，另有8名村干部参加学历提升工程，其中本科2人、专科6人。二是提升村组干部的工作和服务能力，不断加强群防群治队伍建设，引导和带领广大群众参与基层社会治理。如：马库村组织开展"两个一"活动，利用村内"小广场、大喇叭"每日播

入户普及交通法规（独龙江乡政府　供图）

放《新闻联播》，使全村党员群众第一时间了解党和国家的政策；坚持每周举行一次升旗仪式，以此强化党员群众的爱国意识、国家意识、国门意识。组织全乡党员群众开展"忆往昔、思今朝、展未来"和"守土有责、守土负责"活动，培育党员群众感恩、自强、爱党、爱国、爱家意识。健全以群众自治组织为主体、社会各方广泛参与的新型村组治理体系，促进民事民议、民事民办、民事民管。

在法治方面，联合乡司法所、综治办、信访办等部门，设置矛盾纠纷联合调解中心，聘请"人民楷模"高德荣作为特约调解员，邀请具有丰富调解经验的专业律师定期入驻，不断完善"三调联动"机制，确保将矛盾化解在当地。推动党员社区民警兼任行政村党支部副书记，在每个村委会选聘党龄长、党性强的共产党员，组成"共产党员矛盾纠纷调解队"开展矛盾纠纷调解工作。乡人民法庭根据群众需求，深入开展

"以案释法"、案前调解等工作,有针对性地为群众提供法律咨询服务。乡司法所以落实"谁执法、谁普法"责任制为抓手,广泛开展法律"九进"活动,在全乡营造了尊法、学法、守法、用法的良好氛围,形成了群众办事依法、遇事找法、解决问题用法、化解矛盾靠法的良好法治环境。例如:孔当村成立了人民调解委员会,坚持月排查制度,认真做好矛盾纠纷排查、防范、调解等工作,切实把矛盾纠纷化解在源头、解决在基层、消除在萌芽状态,做到了小事不出村。通过开展"普法日""法律法规进边寨"等法律"九进"活动,加大法律法规知识的宣传普及力度。建立了村级法律服务站,零距离为群众提供法律援助,深受群众信赖。2018年,孔当村被命名为"全国民主法治示范村(社区)"。

在德治方面,不断激发内生动力。以社会主义核心价值观为统领,广泛深入开展民族团结进步宣传教育活动,不断加强社会公德和家庭美德建设,使"两个共同""三个离不开""五个认同"的思想家喻户晓,深入人心。以平安创建为抓手,深入开展"平安家庭""平安村(社区)"等创建,积极营造崇德向善的良好社会氛围。独龙江乡边境派出所通过组建"医疗救治队""文化宣讲队""科学助农队""彩虹服务队"4支特色队伍,实现民警与群众"点对点"精准高效服务。持续关爱独龙族"活化石"文面女,传承"马库警民小学"精神,在全乡推出"大手牵小手、1+1"关爱助学活动,营造了中华民族一家亲的良好社会氛围,形成了乡风文明的良好风尚。

"脱贫只是第一步,更好的日子还在后头。"在党中央、习近平总书记的深切关怀下,独龙江乡干部群众团结一心,感恩奋进，坚定不移强抓生态保护、民族团结、边疆稳定、经济发展、民生改善等工作。如今，草果等特色产业彰显勃勃生机，AAAAA级旅游景区等建设项目如雨后春笋，一个个小山村喜换新颜美如画……一幅产业兴旺、生态宜居、生活富裕的乡村振兴美丽图景正在独龙江乡生动铺开。

人类减贫史上的奇迹

让老百姓过上好日子,是中国共产党一切工作的出发点和落脚点。独龙江乡党委、政府通过清晰的工作理念、精准的工作方略、扎实的工作方法,终于找到了打开摆脱贫困之门的"金钥匙",使全乡方方面面发生了巨大变化,经济始终保持较快增长,民生有了明显改善,民族团结进步,社会和谐稳定,政治生态逐年向好。独龙族实现了整族脱贫,兑现了"全面实现小康,一个民族都不能少"的庄严承诺,与全国同步全面建成小康社会,顺利开启全面建设社会主义现代化国家新征

祖孙乐(罗金合 摄)

程，谱写了人类减贫史上一曲壮丽的凯歌。

一、从食不果腹到物质丰裕：
没有一个人饿肚子

解放前，独龙族以采集、渔猎为生，处于刀耕火种的原始生活状态，采集为当地人的日常生活提供了最普遍的食物供给。独龙江野生药材资源丰富，当地人采集虫草、灵芝、重楼、黄金果等药材，与外界进行交换活动。

2003年，龙元村龙元一组的庆年与孙女在自家房前（罗金合　摄）

据村民回忆，20世纪八九十年代熬制香樟油，先从离家近的地方砍香樟树，最后只能到离家几天甚至十几天的高山上砍香樟树。待香樟树砍完了，这一经济来源也就中断了。后来的重楼、贝母与黄金果采挖也是如此，几个月住在山上，待粮食吃完了，采挖的药材也晒干了，便赶在初秋雪封山前回家。年复一年，可采挖的药材数量越来越少，药材种类也越来越少。生活来源除自给自足外，多靠物物交换，没有货币，也不会讨价还价。村民王某荣回忆："以前的巴坡村保留着刀耕火种的耕作习惯，村民主要以种植玉米为主，要是在播种的时候遇上大雨，刚下种的玉米种子基本被大雨冲走，这一年就注定是饿肚子的一年。"吃不饱、穿不暖，日子穷得叮当响，是他对童年的最深记忆。村民周大哥也表示："小时候，吃的东西几乎没有，因为每年都是刀耕火种，无法维持温饱，有些家庭三月份就开始断粮，只能靠山上的竹笋、野菜来维持生活，而且一年也吃不上一顿肉。穿的方面，父母偶尔会给我们买新衣服，烂了以后就会反反复复地打补丁继续穿，补了又补，穿好几年。当时心里就会想，什么时候才能吃饱穿暖，这是当时最大的梦想。"

2003年，独龙江乡人均纯收入在637元以下的绝对贫困人口占78%，呈现出整体性贫困。2014年建档立卡时，独龙族6930人中建档立卡贫困人口就有3480人，占独龙族总人口的50.2%，整族贫困发生率在28个人口较少民族中居第一位，是28个人口较少民族平均水平（18.1%）的2.77倍。①

2014年以来，习近平总书记先后"两次回信、一次接见"

---

① 2021年独龙江乡政府工作报告。

迪政当村扶贫车间（潘锦秀 摄）

独龙族干部群众，国家实施精准脱贫方略，各级党委、政府和社会各界倾注了大量的心血，把大量的人力、物力、财力投入到独龙江乡。截至2021年，独龙江乡农村地区生产总值达8113万元，农民人均纯收入达1.5万元。[①]深度贫困的独龙族实现了从整体贫困到率先整族脱贫的历史性跨越，生动诠释了"弱鸟可望先飞、至贫可能先富"的辩证关系。

独龙江乡的产业发展结合了当地土壤、气候、水文、植被等多方因素，打造了"百里绿色经济带"。独龙江乡自1988年在巴坡村的木兰当小规模实验草果种植，到如今草果成了独龙

---

① 2021年独龙江乡政府工作报告。

族乡亲们的"金果果"。①2008年,巴坡村村干部带领全村40多位群众来到老县长高德荣的草果基地,向老县长学习草果种植技术,并鼓励村民种植草果,发展特色产业。如今,巴坡村草果种植面积达到23200亩,2020年草果收入达到418万元。

2009年,独龙江乡累计完成草果种植2.4万亩。2012年,草果种植面积发展到3.5万亩,产量达37.5吨,产值约30万元。群众有了草果收入,从而提高了种植草果的积极性。此后,草果种植面积不断增加,2015年,草果种植面积发展到63557亩,产量444.1吨,收入282.44万元。2016年,成立了怒江草果产业发展研究所,2019年更名为怒江绿色香料产业研究院。研究院联合国内科研院所、高校和企业,持续开展草果提质增效技术攻关,先后总结推广了草果低位微喷技术、草果专用运输索道技术、养蜂辅助性授粉技术、"草果+中药材"种植模式、"遮阴网+遮阴树+草果+喷灌"种植模式等10项提质增效技术,通过强化科技支撑,进一步提升了草果品质。农业主管部门在技术指导、科学管理上做了许多深入细致的探索,使草果单产逐年提升,品质逐年改善。加强对草果育苗、栽种、病虫害防治、日常管理的技术培训,采取送技术下乡、到种植地块实地培训等方式,进行草果种植技术培训,使群众在培训、实践的过程中不断积累种植经验,提高管理水平,加快草果产业发展。2021年,独龙江乡投入1200万元,实施草果提质增效,林下种植草果面积达7万亩,人均17亩,年内产量达2555吨,产值约2044万元。

为了提升草果的附加值,增加农民的收入,各级政府在

---

① 2021年独龙江乡政府工作报告。

发展草果经济上不断地开拓市场。目前已注册"天境怒江"等39个草果商标121个类别。通过举办"草果文化周",挖掘、宣传、推广以草果为核心的怒江绿色香料文化及产品。组织参加省内外各类农产品展销推介活动。参加"中国光彩事业怒江行"、农业农村部"三区三州"贫困地区农产品产销对接专场活动,提升了怒江草果的知名度,促进草果产品"出山出海"。2018年以来,召开了云南怒江绿色香料产业发展战略研讨会,共话绿色香料发展;举办了怒江州首届"草果文化周"活动,活动包括草果巧克力、草果酒等10余种绿色香料新产品推广、草果美食（草果宴）大赛、草果王评比。通过引进企业开发草果秆编织,在易地扶贫搬迁安置点建成草果秆编织扶贫车间,采取"企业+扶贫车间+搬迁户+非遗传承"模式,引进新繁棕编非遗编织技艺,把草果叶、草果秆编织成草帽、手包、拖鞋等手工艺品,打造出草果手工艺品牌。

此外,引导新型经营主体以生产、股份、劳务等多种合作形式与种植户建立利益联结机制。供销社牵头,把小生产、小规模经营的种植户联合起来,成立草果专业合作社,通过"合作社+加工厂+社员"模式,培育壮大新型经营主体,实行专业化生产、一体化经营、规模化销售,实现技术、人才、市场、信息的有机整合和集聚,提升草果种植的组织化和产业化水平,不断增强抵御市场风险能力。通过"互联网+草果"的物联网基础建设,支持有基础的企业、合作社等主体进行设施设备升级改造,探索草果产业新零售模式的应用推广。采用电子商务、农超对接、景区体验直销、微信直销等新零售模式,拓宽销售渠道,增加销量,提高怒江草果产业市场化水平。

除了发展草果种植外,独龙江乡还结合6个村委会的海

独龙江乡农副产品特色庄园自动化生产线调试运行（潘锦秀 摄）

拔、气候、土壤、林地实际，因地制宜，探索推广"林+"生产模式。在适宜草果种植的孔当村、巴坡村、马库村开展草果种植业提质增效，提高土地利用率和产出率。在高海拔的迪政当村、龙元村、献九当村，种植黄精、重楼、葛根等中药材。在龙元村，一垄垄黄精在林下遍地生绿，2019年，村里成立了3个合作社，在林下种植黄精300余亩。"销路不发愁，有多少收多少。"龙元村党总支书记说，黄精产业采取"公司+合作社+农户"的经营模式，公司为合作社提供黄精苗木，后续有技术指导及统一的回收价格，培育乡土人才，带动村民务工就业，实现共同发展致富。

"客人来吃饭，第一句就问有什么独龙江特色菜。我们说有独龙鸡、独龙牛肉，他们二话不说就点这些了。"亚那客栈老板说起独龙特产时，只担心旅游旺季时会供不应求。独龙江乡还开展了"林+畜禽"模式。过去，农户自发放养在村寨附近的独龙鸡、独龙牛数量有限，且因为缺乏管理，没有很好地发挥致富效应。现在，在政府的提倡下，农户开始尝试产业化经营。以牛的养殖为例，从北向南流的独龙江将迪政当村分为江东和江西两部分，江的两边由一条铁桥连接，自从安居房政策实施以来，江东的村民都搬到了江西的安居房集中居住，江东便成了精准扶贫项目中的一个牧场。牧场除了饲养普通的黄牛，还饲养独龙江特有的独龙牛。普通的黄牛一头卖2000—3000元，独龙牛可以卖到10000元。发现了独龙牛的价值，当地政府开始尝试特色畜禽养殖。[1]独龙牛的数量从2015年的500余头，增加到2021年的1098头。

2012年以来，独龙江乡党委、政府合理运用扶贫专项资金，采用"奖补"的方式鼓励群众自己动手做传统蜂箱，每个空箱补贴100元，共制作了10000个空箱，如果招进一箱野生蜂再奖补50元，以此激发群众的养蜂积极性。独龙族群众创造性地在草果地尝试招引独龙蜂，并成功收获蜂蜜。草果花为蜜蜂提供了丰富的蜜源，蜜蜂则通过采蜜为草果传粉，提高了草果挂果率和产量，二者互利共生，有效促进了农户增收。2015—2018年，县农业局结合高原特色贡山蜂养殖项目，免费发放标准蜂箱1825个，并积极开展当地蜂种养殖技术示范推广。截至2021年底，独龙江乡成功招养独龙蜂10582箱，产量11640余市斤，按每市斤80元计算，产值约93.12万元。

2017年底，独龙江乡党委、政府抓住珠海对口怒江州羊肚菌种植帮扶项目的机遇，结合产业结构调整，摒弃低效益、低

---

[1] 崔震：《从"精准扶贫"来看独龙族人的生产生活变迁》，《今日民族》2017年第12期，第57—60页。

独龙牛（独龙江乡政府　供图）

产的玉米等传统作物种植，采用"奖补结合"模式，在有限的耕地上种植或在草果林里套种羊肚菌。截至2021年，羊肚菌种植面积达963亩，产量达17.33万市斤，产值572万元以上，带动农户396户1188人。除此之外，还种植了黄精1108.5亩、重楼738.6亩、灵芝70亩等。①

通过发展草果、重楼、独龙蜂、独龙牛、独龙鸡等特色种养产业，逐步形成以中长期为主、短期为辅的农业产业架构。为进一步提升产业质量，独龙江乡建设村集体经济独龙鸡育种扩繁示范点3个，建设水产养殖示范基地3个，产业配套建设正

---

① 数据由2016—2021年独龙江乡政府工作报告整理得出。

有序推进，立体式多元化产业盘子初步形成。为加快产业转型升级，助推农旅互融，独龙江乡以产业兴旺作为乡村振兴的重要支撑，以现有的产业基础和各村产业优势为出发点，积极谋划和培育，逐步打造成规模化种植草果、黄精、灵芝、花椒、重楼等，并同步发展旅游业的独龙江"一村一品"，在持续做好养殖项目的同时，推动形成种养殖和文旅互促互补的良好格局。龙元村的"一村一品"花椒种植，采取"政府+公司+合作社+农户"的经营模式，政府规划、购苗，公司为合作社提供花椒苗木，后续追踪服务并进行技术指导培训，带动村民共同发展致富。迪政当村的灵芝基地种植面积达50亩，亩产年均1.2万元，如今已成为村民增收的又一支柱产业。

目前，独龙江乡林下种植草果面积达7万亩，累计种植羊肚菌963亩、黄精1108.5亩、重楼738.6亩、灵芝72亩，养殖独龙蜂11250箱、独龙鸡15485羽、独龙牛1153头，成立了33个专业合作社。

在发展传统产业的基础上，独龙江乡还不断拓展新的领域，例如以大滇西旅游环线建设为契机，大力推进旅游产业，成功创建国家AAAA级旅游景区——独龙江景区，这里一年四季都可以领略独龙江不一样的美丽。1月，一年一度的独龙族"卡雀哇节"剽牛祭天，沿袭着古老而神秘的祭祀习俗。2月的独龙江，春寒正在，远方的雪峰还有皑皑白雪。3—4月，翡翠般的独龙江水有静有动，映衬着蓝天白云和磅礴的雪峰，粉红的桃花悄然绽放，争奇斗艳，美不胜收。5—6月，进入了独龙江地区的雨季，泥石流和塌方多发，须谨慎前往。9—12月，秋冬的独龙江乡是色彩最为丰富的时节。贡山县城至独龙江乡78公里，途经6.8公里隧道，贯穿独龙江乡全境的公路沿着独龙江，穿行在高黎贡山和担当力卡山之间，五彩斑斓的树林、碧绿的峡谷、远处的雪山点缀出一个梦幻般的世界。

建成投用的四星级酒店——独龙江天境酒店，是目前独龙江乡唯一一家集住宿、特色餐饮、自然观光于一体的标准园林式度假酒店。该酒店自2020年12月25日投入运营以来，不仅提升了独龙江乡的旅游接待水平，还解决了周边许多独龙族群众的就业问题。"我到酒店工作后，学到了铺床和电脑操作知识，也有了固定的收入，希望独龙江的旅游发展得越来越好。"孔当村村民吴某梅说，在家附近上班，她既能照顾家也能增加收入，感到很幸福。

建设实施旅游示范户25户，开展技能提升培训1658人次，引导建成旅游农家乐25家，旅游接待床位增加到1000人次床，餐饮日接待能力达到2000余人，旅游接待能力不断提高，逐步将独龙江乡打造成为养心旅游首选地。

全乡农村从业人员中，从事旅游和餐饮服务45人、从事车辆运输120人、外出务工250人、从事加工业10人、个体经商300人、手工艺品制作56人，占到了独龙族劳动力总数的35%以上。2021年，全地区生产总值8113万元，农民人均纯收入达1.5万元，户均存款达5万元，85%以上的家庭拥有了机动车。如今，"草果脱贫、文旅致富"的产业发展思路已经深入独龙江乡群众心中，复合型产业发展加快推进，生态观光、民族文化体验、生物多样性研学"三位一体"的旅游融合发展之路雏形已现。产业精准扶贫将产业通过村庄传到农户，而且与贫困户的土地、资本和劳动力等生产要素有机地结合起来，实现了户均1—2个稳固特色产业。

独龙江畔我的家（潘锦秀 摄）

二、从稀有短缺到有效供给：
　　没有一个人衣不蔽体

  1999年，修通了全长96.2公里的独龙江简易公路。这条人马驿道的开通，不仅出自国防需要，更缓解了独龙江乡与外界的物资交流完全靠人力背进背出的局面，大量的援助物资，如粮食、生产工具、生活必需品、药品等，能快速地运入独龙江乡，改善了独龙族的生产生活状况。也正是凭借着这条人马驿道，外部的物资、技术、资金、信息才得以大量输入，衣服、铁制农具、籽种等缓解了独龙族忍饥待粮熟、衣着麻布的状况。自此，独龙族经济社会才真正由原始、封闭走向开放。

龙元村文面老人织独龙毯（宋林武　摄）

据统计，2009年末，全乡12个自然村350户（1245人）不通公路；31个自然村789户（1879人）饮水困难；896户（3306人）不通电，通电率仅为29%；没有邮政所和金融服务机构，群众与外界联系少，处于较封闭的状态；教育、科技、文化、卫生等各项社会事业建设严重滞后，师资力量薄弱，群众受教育年限仅4.7年，文盲率最高达到33.07%；缺乏致富技能，科技普及率低，缺医少药现象突出；农业生产中没有支柱产业，自我发展能力弱，多数群众吃粮基本靠退耕还林补助粮，花钱靠农村低保。

2010年，中共云南省委、云南省人民政府对独龙江乡展开了以整体式扶贫为主的"十二五"扶贫工作，"整乡推进、整族帮扶"是继"直接过渡"之后的又一个转折点。省直32个部门组成了"独龙江乡整乡推进、整族帮扶综合开发统筹协调小

本书作者韩博与文面老人合影（韩博　供图）

组"，前期投入资金8.6亿元，5年共落实建设资金13.04亿元，先后抽调州委独龙江帮扶工作队队员118人次进驻独龙江乡6个行政村26个自然村，组织完成了基础设施建设、安居温饱、产业发展、社会事业。

2014年，县城丹打至乡政府驻地孔目的县乡公路通车，雪山天险变通途，独龙江乡结束了半年大雪封山的历史。截至2020年底，贯通了全长6.68公里的高黎贡山独龙江公路隧道，建设完成鲁腊彩虹桥、普卡旺桥、斯拉洛桥、巴坡红星桥、龙元感恩桥5座跨江大桥和白利、龙仲、南代、普卡旺4座生产

老霓新虹——独龙江乡孔当村公路桥（宋林武　摄）

便桥，结束了出门靠溜索的历史。建设完成滇藏界至中缅边界107.5公里的边防公路和村组公路，独龙江基本的交通网络形成，结束了物资进不了独龙江的历史。针对"十二五"整体式扶贫中出现的问题，怒江州、贡山县共同编制完成了《贡山县独龙江乡整乡推进独龙族整族帮扶后续发展规划（2015—2020）》与《独龙江乡脱贫摘帽攻坚方案》，涵盖安居温饱巩固、基础设施完善、社会事业发展、产业发展体系、素质强化和生态环境保护六大项目后期工程的20类53个项目。

通过开展工程施工、种植养殖、旅游服务、木雕工艺、机动车驾驶、电子商务、酒店管理、乡村导游等技能知识培训，鼓励独龙族群众外出就业、自主创业。新兴的农村电商、直播带货等新业态加速了独龙族群众认识和融入外面世界的进程，进一步打开了独龙族群众的视野。独龙族人民彻底告别了过去没有铺盖被褥，一年四季只穿一件独龙毯裁剪的衣服，甚至无衣可穿的历史，从根本上解决了"不愁穿"的问题。

村民小和在2008年买了人生的第一辆车和一辆拖拉机，从拉货开始，慢慢又换了小货车、面包车。而他真正开始走上致富路是在2013年，当时他在乡政府当了5年的司机，走的地方多了，见的人也多了，看着农村政策越来越好，内心越来越不平静，心想自己一定要干出一番事业。小和抓住了马迪公路旅游路线吃住的空白档，利用自家的地理优势开了龙仲春花农家乐。刚启动时，光装修就花了不少钱，超出了预期。陷入困境时，县民宗局支持了他3万元创业资金，农家乐才顺利开了业。之后，政府又为小和提供了10万元创业贷款，帮助他一步步走到现在，成了乡里闻名的致富能手。

从独龙江乡政府出发，走10分钟，就来到独龙江东岸，岸边有座颇具当地特色的黄色小楼,这里是独龙江乡唯一的金融机构——贡山县农村信用合作联社独龙江信用社。别看信用社小,但它却是全乡创业致富的重要金融支撑。自2010年挂牌成立以来,信用社已累计为当地群众发放农家乐贷款472万元、独龙牛养殖贷款378万元、草果种植贷款5548万元、独龙鸡养殖贷款508万元、政策类小额创业贷款1352万元。"信用社成立之初,别说贷款,村民都没见过银行卡!"村民阿滇说,信用社见证了独龙江乡的迅速发展。"2019年,独龙江乡整乡建档,1403户独龙族群众有了自己的经济档案。同时,独龙族成为全国首个'整族授信'民族,家家户户都可以获得金融服务,贷款额度也大幅提高,程序也更加便捷。现在的年轻人,已经会根据自己的实际生产经营需求,去主动寻求符合自己生产发展的金融产品。"小白是献九当村村民,2019年,他顺利地贷到15万元,用来建起客栈"辛梦缘"。独龙江生态优美、风景秀丽,这几年随着村里道路交通等基础设施日益便捷,颇具民族特色的小镇吸引了不少游客来观光,乡里索性发展起生态旅游。现在,小白的农家乐占地4亩多,有11间客房,还有20多间木楞房准备建设,一年收入6万元左右。

独龙江乡农村经济总收入从2015年的1670万元,增加到2021年的8113万元,增长了385%。农民人均纯收入也从2015年的3503元,增加到2021年的15000元,年均增长幅度为33.76%。全乡存款余额5528万元,较2016年末的2160元增长了155%。共计发放贷款2347.89万元,较2016年末的339万元增长了593%。[①]2021年,独龙江乡70%以上的家庭拥有了机动车,

---

① 数据由2016—2021年独龙江乡政府工作报告整理得出。

农行青年员工深入乡村开展反假币宣传（独龙江乡政府　供图）

全乡有机动车894辆，其中面包车及货车340辆，驾驶员775人。①老县长高德荣说："短短几年时间里，独龙族人从没见过车，到听说车，到看见过车，再到现在买车并且会开车。"

截至2021年，脱贫人口参加城乡居民医疗保险率达100%，城乡居民医疗保险率达100%。通过发放城乡低保金、临时救助、特困供养补助等社会保障资金，实行分类资助参保政策，对退役军人、重点优抚对象和残疾人开展"两项补贴"，发放草原生态补贴、边民补助等，全面织密农村社会保障兜底网。调查资料显示，2021年全年争取中央各类项目资金8414.44万元、东西部协助帮扶830万元，累计下达资金8414.44万元，其中财政涉农资金到位3754.74万元②，属历年之最。

---

① 数据由2021年独龙江乡政府工作报告整理得出。
② 数据由2021年独龙江乡政府工作报告整理得出。

脱贫攻坚以来,党中央自上而下建立了各负其责、各司其职的责任体系,精准识别、精准脱贫的政策体系,上下联动、统一协调,使独龙江乡脱贫攻坚战取得了全面胜利,生态和人居环境明显改善,居民人均可支配收入不断增长,人民生活水平持续提高,为人类减贫事业提供了极端贫困人口及较少民族的脱贫"样本"。

三、从原始愚昧到学有所教: 没有一个孩子辍学

1949年以前,由于地理位置偏僻、交通阻塞,独龙族一直处于原始社会末期,其教育形式长期沿袭着与其传统的生产生活相适应的原始教育。独龙族原始教育主要是生产、生活两个方面的内容,其中最主要的是刀耕火种的山地农业生产和狩猎、捕鱼、采集等生产劳动以及原始道德等。20世纪50年代,人民政府采取一系列优惠政策,在独龙族中大力推广民族教育,学校教育才得以从无到有、从少到多迅速发展,对独龙族社会经济文化各方面都产生了巨大影响。

1949年贡山解放,党和政府十分重视独龙族教育事业的发展,并把开办学校作为贯彻党的各民族"平等、团结、进步"和"共同繁荣"政策的一项重要工作。1951年初,贡山县政府首次派出教师前往独龙江乡办学,1952年3月正式办起了独龙江乡有史以来的第一所小学——巴坡小学,结束了独龙江地区没有学校教育的历史。1953年,巴坡小学迁至孔当行政村,校名改为孔目小学。1958年,贡山县创办了第一所初中。1968—1969年,在普及小学教育的过程中,掀起了"把学校办到贫下

献九当村小学里的孩子们（潘锦秀　摄）

中农家门口"和"读小学不出村，读高小不出大队，读初中不出公社，读高中不出县"的办学热潮，在孔目小学开设了附设初中班，即后来的独龙江中学。独龙江中学从1969开办到1979年结束，10年间共招生8个班，毕业209人。1981年9月，在巴坡完小内开办寄宿制高小班，至1996年共毕业554人。

1990年第四次全国人口普查数据显示，独龙江乡有文化人口1325人，占总人口的32%，其中大专7人、中专53人、高中33人、初中260人、小学972人。到2000年，贡山县独龙族大中专毕业生已占本县独龙族总人口的4%，小学以上文化人口占本县独龙族总人口的67.2%；独龙江乡独龙族大中专毕业生占本乡总人口的2.6%，小学以上文化人口占本乡总人口的

65.5%。[1]在巴坡小学老校长的记忆中，从2006年起，独龙江乡教育才开始有大的变化。之前的学校条件很差，教室是茅草屋顶的木板房，教师用木板自制课桌和黑板，学生背着口粮上学，下课后一群一群围在火塘旁做饭。2006年，在党和政府的大力支持下，独龙江乡九年一贯制学校挂牌，特别是国家实行"两免一补"政策后，独龙族孩子再也不用为读不起书而发愁，小学入学率达到了98%以上。尤其是精准扶贫以来，独龙江乡始终注重教育基础设施建设和教育扶贫工作，建设完成1所九年一贯制中心学校和4个小学教学点，独龙江乡6个村委会实现学前教育全覆盖。目前，全乡校舍建筑总面积为6416平方米，其中中心校建筑面积为4084平方米，龙元小学建筑面积为502平方米，巴坡小学建筑面积为550平方米，马库村教学点校舍建筑面积为1280平方米。巴坡村小学的马老师说："小时候，我和同伴上学要背上柴火、粮食等生活用品，放学后，要在简陋的厨房里自己动手生火做饭，烟熏火燎的环境时常弄得我们涕泪交加。如今，学生放学后到学校食堂就餐，不用交生活费还能吃上营养餐，独龙江乡教育发展和办学条件今非昔比。"[2]通过实施"校安工程""改薄工程"等一系列政策性工程，科学布局，扎实推进，全面实施基础设施改造工程，推进了城乡学校一体化建设。以独龙江乡中心学校为例，校舍从

---

[1] 高志英：《20世纪中国边疆"直过"民族教育观念变迁研究：以云南独龙族为例》，《华东师范大学学报（教育科学版）》2007年第3期，第37—43页、第50页。

[2] 《实现"一个都不能少"的目标：看独龙江乡教育发展变化》，中华人民共和国教育部，2019年10月22日，http://www.moe.gov.cn/jyb_xwfb/xw_zt/moe_357/jyzt_2019n/2019_zt27/jyjs/yunnan/201910/t20191022_404761.html。

独龙江九年一贯制学校（独龙江乡政府　供图）

原来的200余平方米，到如今的4084平方米，已经成为全县中小学中最漂亮、设备配置最好的乡镇学校。

以精准施策为抓手，切实保障好完整的教育体系。根据《"十三五"教育发展规划》和《怒江州第三期学前教育行动计划（2018—2020年）》，目前，独龙江乡幼儿园、龙元村、迪政当村、马库村、巴坡村均有学前教学点，在园幼儿共计99人。通过统筹各类教育资源，巩固义务教育成果，提高学校标准化水平，实施了14年免费教育，即学前教育2年、义务教育9年、高中教育3年。保障就学条件，确保建档立卡户子女普通高中生年均补助4200元，学前教育生年均补助1000元。实施"雨露计划"等社会助学，实现建档立卡贫困学生全覆盖。在独龙江乡九年一贯制学校开设了写字教育、独龙语进课堂、编织七彩独龙毯、合唱团、用独龙语唱革命歌曲、快乐篮球、绘

高德荣为小学生系红领巾（潘锦秀 摄）

画与制作、棋类、魔方、独龙族扎染和蜡染等校本课程。实施"山水教育"改革，开展以"山水教育"为主题的经典诵读、观影评影、讲座辅导、课外兴趣活动，重视学生学习能力及特长的培养，潜移默化陶冶学生的情操，促进学生全面发展和健康成长，构建学生人人有定位、人人有事做、人人被认可的教育环境。为促进学生全面发展，校园内逐渐形成了"百花争艳、书海竞帆，你追我赶、奋勇争先"的良好学习氛围。独龙江乡教学均衡成果得到巩固，小学阶段的教学质量逐年稳步提升，初中阶段的教学质量不断突破，小学生入学率、巩固率和升学率连续五年保持在100%。

教师队伍建设得到明显加强。政策倾斜，优化农村学校师资结构。通过落实乡镇补贴等政策，切实提高农村中小学教师待遇；通过"特岗教师"招聘、县域内教师交流，不断充实城乡教师队伍和优化教师队伍结构；实行城乡教师按生师比同等标准配备。独龙江乡九年一贯制学校师资力量越来越强，目前,全校教职工有100余人,其中专任教师69人,分别来自州内以及曲靖、玉溪、德宏、丽江、大理、保山等地,青年教师较多,专科、本科学历教师比例高,为学校的发展和教育事业的推进注入了新鲜优质"血液"。实现教师一年一轮训,较大程度上促进了全县教师的成长。内地学校结对"姊妹学校",通过远程教育平台,开展教研、课件、试卷等方面的合作,同时送教师、学生到"姊妹学校"学习,整合优质教育教学资源,促进教师和学生成长,提升教育教学质量。落实培训和待遇政策,促进教师安心任教。得益于"国培计划"和省级教师培训,独龙江乡中心学校教师每人每年至少能参加一次32个学时的培训,90%以上的教师学历已经从专科提升为本科。乡村教师补贴全面落实,最低补助标准每人每月至少500元。按照州里的政策,县及县以上所属学校具有中级及以上职称的教师,到乡村学校任教连续服务满2年以上(含2年)的,从到乡村学校服务之日起,省财政给予每人每年1万元的工作岗位补贴,由此,教师流动和流失现象得到明显改善。

落实珠海—怒江东西部扶贫协作"双百工程",对有意愿到珠海接受职业技工教育且具备基本文化素质等条件的"两后生",实行百分之百接收就读珠海市职业技工院校,采取"1+2"(怒江班)、"0+3"(三年珠海班)或"2+1"(第三年实习到珠海)模式培养,百分之百推荐就业。怒江籍学生在珠海学习期间,免除学费、住宿费、杂费,并给予生活交通补助。落实国家中职教育免学费政策,由县市教育主管部门会同职业学校,落实国家对公办中等职业学校全日制正式学籍一、二、三年级在校生中所有农村(含县镇)学生、城市涉农专业学生和家庭经济困难学生免除学费(艺术类相关表演专业学生除外)。学费标准低于每生每学年2000元的,免除全部学费;学费标准高于每生每学年2000元的,免除2000元学费,高出部分由学生家庭负责承担。

积极发展"互联网+教育"。不久前,中国移动100套"云桌面"系统运达贡山县城,落户独龙江乡中心学校。有了这套系统,学校可以通过教学管控平台实现集中管理,还能对学生进行人机交互测试,形成以"三通两平台"为基础,包括幼教云、职教云、班班通、人人通等系列产品的信息化教育。围绕独龙江乡产业发展,实施1641人次劳动力技能培训,对45岁以上的独龙江乡农村劳动力开展农村实用技术免费培训,确保贫困户户均至少有1人掌握实用技术。开展普通话、编织、农家乐经营、砌墙技能、木雕艺术技能、驾驶技能、电商技能、室内简装修技能等培训,更多群众学会了一技之长,为自身发展奠定了坚实基础。

随着精准扶贫工作的推进,独龙族人均受教育年限不断提高,做到了"再苦不能苦孩子,再穷不能穷教育"。第七次全国人口普查数据显示,独龙族3岁以上人口总数6865人,未上过学的629人,占3岁以上人口总数的9.16%。学前教育411人,占3岁以上人口总数的5.99%。小学教育2398人,占3岁以上人口总数的34.93%。初中教育2067人,高中教育582人,分别占3岁以上人口总数的30.11%和8.58%。大学本科教育272人,占3岁以上人口总数的4.0%。大学本科以上20人,其中6人为博士研究生学历,占3岁以上人口总数的0.29%。2019年,独龙族有了第一个女硕士研究生。与第六次人口普查统计数据相比较,未上过学的人口数占比下降了20.31个百分点,接受小学教育和初中教育的人口比例分别提高了16.32和15.52个百分点,接受高中教育的人口比例提高了3.96个百分点，接受大学本科及以上学历教育的人口比例提高了3.93个百分点。这说明近10年来，独龙族群众的受教育水平不断提高，尤其是接受中等教育水平的人口增加，高学历层次人才也在逐步增加。广大独龙族群众"到2035年，争取每户都有一个大学生"的心愿正逐步实现，贫困代际传递的问题不复存在，独龙江乡"义务教育有保障"的问题已经彻底解决。

"治贫先治愚，扶贫必扶智。"在提升独龙江乡群众教育水平的基础上，还进行了扶志教育。扎实推进农村文化阵地建设，农家书屋、积分超市、村民小组活动室成为每个村的标配。开展"一周三活动"，组建6支民间文艺队，开展文艺会演6次，成功举办怒江州第二十七届乡级农村文艺会演，传承独龙江本土民间文化，留住乡村文脉。独龙江乡先后开展普通话学习培训3000余人次，组织开展了"走出火塘到广场"等一系列主题群众文化活动。多项文化活动的开展让独龙族民族文化得到有效传承，也增强了独龙族群众的文化自信。正如习近平总书记所说，要坚持以促进人的全面发展的理念指导扶贫开发，丰富贫困地区文化活动，加强贫困地区社会建设，提升贫困群众教育、文化、健康水平和综合素质，振奋贫困地区和贫困群众精神风貌。在脱贫过程中，独龙江乡积极举办竹编、民族服饰制作、木雕等民间手工艺技能培训班，手工艺技能培训不但传承了传统文化，更直接增加了群众收入。通过文化产业的发展，挖掘贫困地区的内生动力，把"输血"变为"造血"，形成从文化到经济的良性循环。

过去，独龙族群众文化素质普遍较低，旧观念旧习俗影响较大，与外界沟通交流能力弱，没有商品和文明生活意识。通过开展精准扶贫工作后，独龙族群众的生活习惯、思想观念、文化素质发生了跨越式改变，男女老少精神面貌焕然一新，睡懒觉、喝酒的少了，学文化、学技能的多了，自我发展能力得到了前所未有的发展。独龙江峡谷已经走出了6名博士研究生、14名硕士研究生，网购微商、移动支付已成为年轻一代独龙族的生活日常。跑运输、开挖机、办农家乐的技术能人、致富达人不断涌现。目前，876名群众拥有机动车驾驶证，拥有机动车978辆。全年转移就业1075人，其中建档立卡户有648人就业，非建档立卡户有427人就业。开展职业技能提升培训1

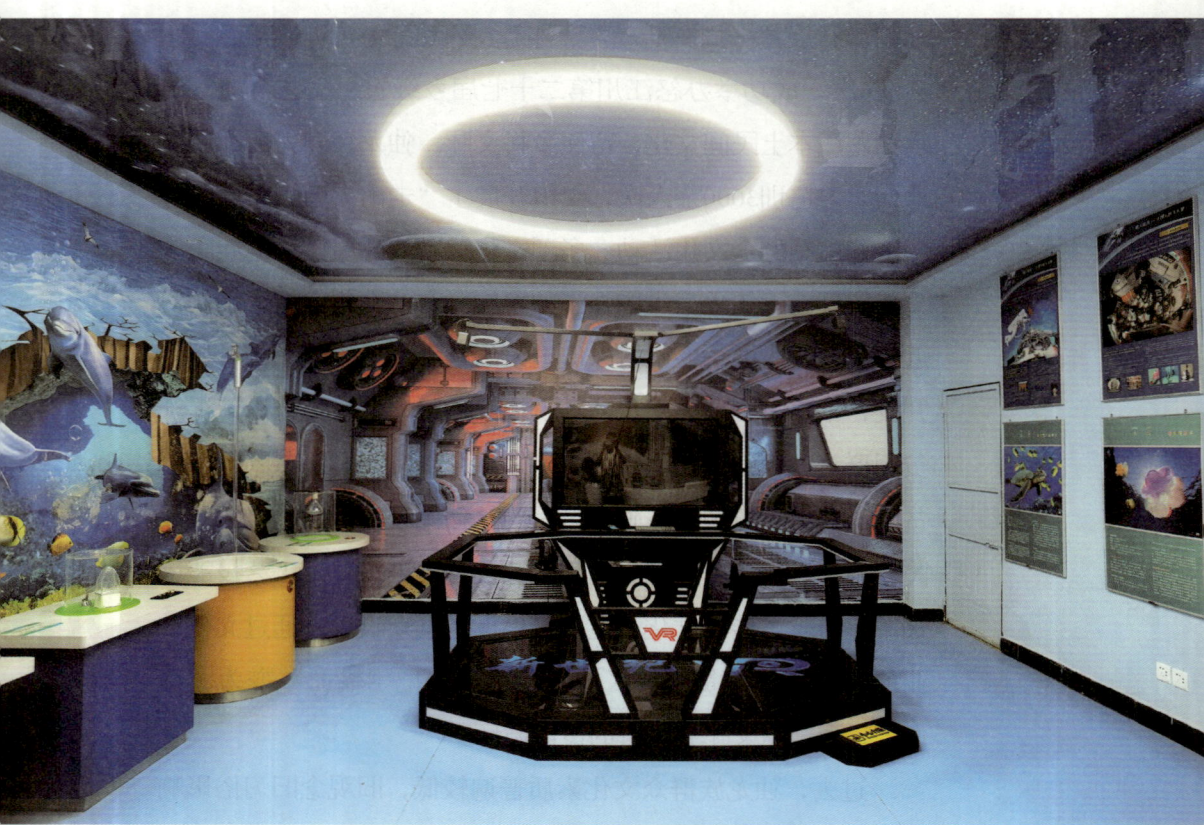

独龙江乡九年一贯制学校微型科技馆（潘锦秀 摄）

次、中华蜂养殖技术培训3次、中药材种植培训1次、木雕传统工艺技术培训2次，累计培训人数超过800人次。开展了"走出火塘到广场"文化活动、"小手拉大手"家校合作活动和"感觉恩和文明志愿服务走村入户"活动，这些活动的开展，使得独龙族群众精神生活逐步丰富，自我发展的内生动力逐步增强。

习近平总书记强调，要推进教育精准脱贫，重点帮助贫困人口子女接受教育，阻断贫困代际传递，让每一个孩子都对自己有信心、对未来有希望。近年来，独龙江乡坚持扶贫同扶志扶智相结合，让教育扶贫发挥好人才、智力、科技、信息优势，提高贫困家庭脱贫能力，遏制贫困代际传递，为精准扶贫、全面小康注入了强大正能量。

四、从透风漏雨到安全稳固：没有一个人居无定所

从老子的"安其居，乐其业"，到杜甫的"安得广厦千万间，大庇天下寒士俱欢颜"，古往今来，住房始终倾注着人们对美好生活的希冀和梦想。住房问题，既是民生问题也是发展问题，关系千家万户切身利益，关系人民群众安居乐业，关系经济社会发展全局，关系社会和谐稳定。

在早期的相关文献记载中，独龙族的祖先居住在岩洞中，或者结屋于树，后期才开始出现木楞房。也就是说，独龙族的居住情况呈现了这样的发展过程：穴居—巢居—木楞房、竹篾房。

木楞房与竹篾房都是独龙江地区独龙族的主要居住建筑，

这样的房子相对比较低矮，采光条件不够，尤其是木楞房，小窗户加上低矮的房门，屋子里一般比较昏暗。整个房子呈长方形，屋内多铺以木板，地板离地大概1米，底下用石头或者木桩支撑。屋里按照家庭人口的需要一般设有1—2个火塘，火塘内安放铁三脚架，用以放置铁锅等炊具。当时建造房屋的材料都是天然材料，不管是木头还是竹篾以及盖屋顶的茅草，在长久的风吹日晒之下都非常容易老旧、风化，所以过一段时间，人们就得加固房屋，尤其是盖在屋顶的茅草，不然遇上大风大雨天，屋顶很容易就被吹没了。后来，人们渐渐地开始使用木

迪政当村雄当小组的娜庆松帮侄女烧火做饭（罗金合　摄）

板或者其他一些人造材料来作为房子的屋顶,这些材料包括木板、毛毯以及铁皮等。现在还保留下来的一些木楞房一般都是以木板盖顶,经过多年的风吹雨打,那些木板已经变成了黑色,开始逐渐腐烂。

马库村的村民小唐回忆了他的四次搬家经历:小时候住在独龙江江边名叫石灰窑的地方,住的是用竹子建的篾笆房,家里每隔几年就要找地方烧荒开地,家随地走。第一次搬家搬到山腰上的独都村,住的还是竹篾房;第二次搬家搬到老马库公路边,住的是木板房;第三次搬到800米外,住的是木板铁皮房;第四次搬家,搬到现在的钦兰当民族特色村,住的是外包竹篾的砖瓦房,三室一厅,还有一个宽敞的厨房,政府出钱,自家出人出力,盖好了新房。小唐感慨地说:"以前的篾笆房漏风漏雨,现在的房子住得安稳、睡得香。"

从2010年开始,独龙江乡在"整乡推进、整族帮扶"工程中开展了安居房建设,兴建独龙新寨,实现独龙族农村群众人畜分离,全面建设完成209户安居房改造提升,将原先分散的41个自然村易地搬迁至水、电、路、卫生、文化设施齐全的28个集中安置点。建成独具民族特色的安居房1068套,将动态管理发现的23户住房不达标的群众安置到23套幸福公寓,实现全乡群众安全住房100%保障。现在的安居房比独龙族的老房子面积稍大,一般为70平方米左右,有1间客厅、3间卧室,还带着走廊。相对于独龙族过去的房屋,现在的安居房窗明几净,居住条件得到了较大改善。

村民阿迪夫妇告诉我们:"以前在家里用茶壶烧水洗澡或是到江里洗澡,现在村里建了公共洗澡室,白天在地里干活,晚上来这里洗澡,很舒服很方便。"如今,独龙江乡每一个村

独龙江新居（罗金合　摄）

寨都有小广场、篮球场、公厕和公共洗澡室，每个独龙族群众都住上了安全稳固的住房，独龙江"住房安全有保障"的问题已经彻底解决。建成独具民族特色的安居房1068户，其中旅游型安居房323户，配套伙房490间。完成了各村组路面硬化和各村排污沟、庭院整治以及饮水工程项目建设。

独龙江乡党委争取到上海市浦东新区美丽乡村建设项目资金198万元，通过政府奖补水泥、就地取材、群众投工自建、互帮互助，打造宜居宜业最美庭院，覆盖了全乡6个行政村40

独龙江广场（罗金合 摄）

个村民小组，受益群众达1000多户。争取系统配套项目落地，逐步打造生活富裕、生态优美、人与自然和谐共生的美丽村庄。解决了住房问题的独龙族群众正在打扮家园，许多村寨房前屋后围满竹篱笆，樱花盛开，溪水潺潺，一个村寨就是一个美丽温馨的家，独龙江乡成为云南最有魅力的乡镇之一。

推进"互联网+"文明素质提升工作，划分了以安置点为单位的26个环境卫生责任区，建立实施了每天整理及家庭卫生清扫活动1次、每周进行大扫除活动和环境卫生主题宣传活动1次、每月组织环境卫生检查评比活动1次等环境卫生工作制度。持续开展"家庭内务每日一晒"活动，开展实施了家庭内务卫生打分排名以及"十星级文明户""最美庭院"评选等创新活动，在全乡范围内推进人居环境提升"每日一晒""每月一评比"活动，群众爱干净、爱卫生的意识大幅提升。

如今，房前屋后都打扫得干干净净，家具都摆放得整整齐齐，"破、旧、脏、乱"的村庄形象已一去不复返，一座座村容整洁、生产发展、生态宜居、乡风文明的独龙族新村呈现美丽风貌。建成自然村太阳能路灯320盏、垃圾收集房2座、垃圾

孔当村王美新村中玩耍的独龙族孩子（宋林武 摄）

焚烧池34个、公厕105座、户厕改建700余座，建成村内户间道路1.82万平方米。切实强化农村生活垃圾和生活污水治理，实现了人干净、户清洁、村整洁的人居环境大变样。

走进独龙江，村庄焕然一新，房前屋后，菜园果园皆花园；村间小道，被鹅卵石围栏、木槽盆景、野生花草装扮得韵味十足，花团锦簇，绿意盎然，美不胜收。峡谷绿，江水清，乡村美。走在翠色欲滴的独龙江畔，龙元村最美庭院与龙元桃花谷形成桃花与庭院锲金镂玉，与山樱花遥相呼应，四季有相，景随路移；迪政当村木槽花盆和高黎贡山兰花、庭院、菜园，与远处的雪山、近处的独龙江和莽莽林海交相辉映，如同一幅精致的江南水乡画，轻柔幽美；巴坡村娜洛底鹅卵石庭院圆润整齐，兰花与石斛齐放，石竹与杜鹃争艳，花团锦簇，枞木葱茏，绿意盎然。

五、从缺医少药到病有所医：没有一个人病无所医

20世纪50年代，独龙族社会发展十分落后，缺医少药的状况在独龙江地区长期存在。解放前，无医无药，疟疾、麻疹、痢疾等经常流行，死亡率很高。文献记载："贡山一带每到夏秋季节，疟疾、痢疾便大流行，较大的村子，每季总要因疟疾死亡四到五个，小的村寨也有一两个。春季天花、痧疹亦甚，小儿罹难甚多。"1959年，独龙江乡才建成最早的医疗机构——独龙江卫生院。90年代末，独龙江乡卫生院有床位15张，有6个村卫生室，全乡有中医师1人、西医师3人、中药师1

人、西药师1人,还有护士、检验、管理等人员16人。①他们承担着全乡4000多人的医疗卫生保健工作。一些常见病、多发病和简易手术,乡卫生院能胜任,但医疗人员、技术、设备、药品等则远远满足不了当地群众的需要。在村医阿强的儿时记忆中,他所在的龙元村每年都有人出现意外,有的被毒蛇咬伤,有的外出采药、打猎摔下悬崖,有的妇女生孩子时大出血,大雪封山的半年,人们有了病只能熬着。当时,独龙江乡人均寿命仅30多岁,计划生育、妇幼保健、新法接生、计划免疫等服务水平很低。同时,由于独龙族居住分散、交通不便,群众生活困难、无钱看病,使得缺医少药的状况更加严重,许多妇女一生从未在卫生院看过病或检查过身体,疾病仍然是造成独龙族贫困的重要原因。乡卫生院的工作人员回忆:"要了解所有的病人的情况,只能靠步行。去村民家里得沿着独龙江到最南端的中缅边境,翻山越岭,走猴子路、上藤桥、过溜索,走遍了村村寨寨,宣讲常见病预防和传染病防治法,每接种完一轮疫苗,需要3个月时间。"2002年,村医孟医生从怒江州六库民族中专乡医班毕业,回家跟着村医孟新高当乡村医生,他说:"那时候条件非常艰苦,村卫生室是很小的一间木板房,急诊、治疗、存放药品全在里面,实在没办法,只有把卫生室搬进自己家,才能把急诊、治疗、药品存放一一分开。"

除了医疗卫生基础设施落后外,不良的生活习惯和生活方式、封闭的医疗知识也影响着独龙族群众的健康。孟医生回忆,当年巴坡村多次集中暴发疟疾,每次暴发都会吞噬很多生命。当年知识闭塞,不知道疟疾主要通过蚊虫叮咬传播,人们

---

① 丁明、焦云萍:《云南独龙族生育健康现状分析》,《中国优生与遗传杂志》1996年第S1期,第111—114页、第110页。

已成历史的溜索过江（潘锦秀　摄）

只能祈祷不要降临在自家，"谁能知道，只要一床蚊帐、一瓶驱蚊水就可以阻挡疟疾魔鬼的脚步"。后面通过学习才知道疟疾的传播途径和预防方法，便给村民配备了蚊帐、驱蚊水，有效控制了疟疾的传播。此外，当地群众缺乏卫生意识，餐具、炊具随地堆放，因气候炎热，毒蚊、苍蝇较多，饮食卫生极差，各种肠道疾病多发，同样影响了村民的健康。长期饮酒也是影响独龙族群众健康的因素之一。独龙族群众饮酒风气十分盛行，平时劳动间隙、生产协作、婚丧嫁娶都少不了喝酒，酒已经成为他们用来维系人际交往的一种手段。但长期饮酒会对

乡卫生院设施和条件有了进一步改善（宋林武 摄）

身体造成严重危害，并对家庭经济造成负担，导致生活更加困难。

进入扶贫开发新时期，云南省以"整乡推进、整族帮扶"的思路，从2010年开始，对独龙江乡医疗卫生事业进行了较大投入。2016年投资140万元，建设了独龙江乡的中心卫生院门诊、医技综合楼及干部流转病房2栋。投资50万元，提升改造了5个行政村卫生室。投资10万元，培训乡村医生40人次。全乡合作医疗保险参合率达到94%，人民群众看病难、看病贵的问题基本解决。① 从2009年至2015年，在大雪封山期间，共派

---

① 李涛、卢文祥：《独龙江乡扶贫攻坚与跨越发展之路》，云南人民出版社，2016年3月版，第77—78页。

驻州县医疗工作人员29人，带动开展了危重病人救治和疑难病例诊治，带教培养数名中心卫生院业务骨干医生，培训乡村医生24人次，提高了全院7名医务人员及全乡11名乡村医生的业务能力，提高了全乡的医疗水平。

到2021年，独龙江乡中心卫生院有房屋4幢，编制病床20张，实际开放病床15张。每千人口床位数3.40张。现有在职在编职工19人，其中1人在昆明市儿童医院进修，规培4人。卫生院设有放射科、儿科、检验科、妇产科、外科、中医馆等科室。设备有B超机、DR、全自动生化分析仪、半自动尿液分析仪和血液分析仪、心电图仪等。乡辖区内的6个行政村，分别设置卫生室6所，共聘用乡村医生9名，截至2021年12月28日，门诊人数10415人次，门诊收入14.94万元。新型农村合作医疗参保缴费比例达100%，建档立卡户家庭医生签约率达100%，城乡居民健康档案建档率达90%以上，重点人群规范化管理率达100%。严格实施社会兜底政策，做到应纳则纳、应兜则兜，全面巩固"六类人员"及"边缘户"收入问题。卫生事业的发展，解决了独龙江乡缺医少药、看病就医难的问题，"基本医疗有保障"的问题已经彻底解决。如今，独龙江乡中心卫生院已经有了心脑血管救治站、自动洗胃机等。2015年，卫生院开始使用远程医疗系统，可以与昆明、珠海等地的医生会诊病人。

除了加强对医疗卫生基础设施的投入外，独龙江乡也不断强化对老百姓健康意识的教育。孟医生告诉我们："健康扶贫不仅需要在硬件上下功夫，对于少数民族而言，更重要的是要改变他们的健康卫生意识。"他就曾遇到过因为缺乏现代的健康意识而耽误治疗的事件："一名刚出生的独龙族婴儿连续几天高烧不退，我听说后立即赶往患者家中。诊断后发现婴儿的状况非常危险，便建议婴儿的父母将孩子送到县医院，或者是更大的医院进行治疗。但是当时的独龙族人民思想较为传统，更依赖于迷信，婴儿的母亲听了隔壁老人做迷信的建议，导致孩子错过了最佳的治疗时间，最终孩子留下后遗症。"他发现，乡村的医疗发展，不但要技术和设备的跟进，更需要让百姓们了解现代科学医疗，摒除封建迷信思想。精准扶贫以来，各级政府组织州、县一级的医生，为乡村干部、教师、医务人员就健康生活方式和心理健康科普开展讲座；积极开展法律法规宣传教育工作，组织工作人员对6个行政村进行优生优育政策宣传；坚持预防为主，扩大农村免费免疫范围，有效控制各种传染病、多发病和人畜共患病的发生和流行；进一步加强防疫免疫、妇幼保健、食品卫生、爱国卫生、艾滋病防治工作。村医们也经常深入到农户家中，挨家挨户问询百姓们的身体状况，一一解决百姓们身体出现的病症。从以前依赖迷信，到现在百姓们对健康越来越重视，也越来越了解自己的身体，越来越相信现代医学。

自2019年新冠肺炎疫情发生以来，独龙江乡坚持"外防输入、内防反弹"不动摇，严格落实"五个管住"和"稳堵防管"防控要求，组建疫情防控临时党支部7个，细化112个网格化管理，先后优化调整设立20个疫情防控卡点，3岁以上人群疫苗接种覆盖率达100%，全面推进新冠疫苗"加强针"接种。强化疫情防控和救治能力建设，强化群防群治能力，抓好重点人群、重点场所、重点环节防控，组织开展全员核酸、应急处突、联防所应急处置等应急演练7次。全乡各族群众全民参与，众志成城，凝心聚力守住一方净土，助推全县实现新冠

老县长高德荣（左二）与独龙江乡党委领导干部到疫情防控点调研（余金成 供图）

肺炎疑似病例、确诊病例"零发生"。

通过深入推进独龙江乡医疗卫生事业的发展，补齐了当地基层医疗卫生服务能力短板，让群众患病能够得到及时有效救治，个人就医费用负担大幅减轻，地区重大传染病和地方病得到有效控制，使医疗卫生事业发展更加平衡和充分。

六、从刀耕火种到绿色文明：人与自然和谐相处

1950年以前，独龙族还是一个刀耕火种的民族，轮歇耕作、广种薄收。那个时候的独龙族，由于生产力落后，农耕地大部分都无法固定，只有轮歇的"火山地"和半固定的"水冬瓜地"以及村寨房舍周围的园地三种，但其本质上仍是一种

献九当村村民自制农具（罗金合 摄）

不稳定的生产方式，特别是遇到异常气候年份，刀耕火种生产出来的粮食往往不能满足人们的需要。因此，独龙族群众在刀耕火种之外，还必须通过采集活动来进行有效的生活物资补给。独龙族的采集活动多集中在每年的3—6月之间，到7月份，青稞、土豆等作物成熟以后就停止采集。采集的野生植物通常有董棕、竹菜叶、大百合、葛根、野生山药等数十种。刀耕火种、轮闲烧荒曾经是独龙族群众的主要生产方式，但也是破坏生态的落后生产方式。改革开放之后，随着人口增长，农业生产规模扩大，加之群众大多居住在山区，炊事、取暖、照明离不开木柴，木柴的大量消耗加快了森林植被的破坏，致使生物多样性减少，水土流失严重，土地生产力下降，自然植被恢复困难。随着生态保护意识的不断增强，怒江州提出"生态立州"的保护思路，着力实施"山顶封和禁、半山移和退、河谷建和育"的生态功能建设政策。而环境保护是系统而长远的发展问题，涉及生产生活方式和价值思维观念的根本转变，不可能一蹴而就，怒江州从此陷入生态保护与经济发展的选择困境。2011年，怒江州贫困人口达31.29万人，贫困发生率高达71.1%，是全国脱贫攻坚中最难啃的"硬骨头"之一。

在"绿水青山就是金山银山"理念的指导下，独龙江乡已探索出一条不砍树、不烧山也能增加收入的生态产业之路。2001年以来，独龙江乡积极争取政策，实施退耕还林，全面摒弃刀耕火种，禁止狩猎。从2007年至2016年，独龙江乡森林覆盖率从89%增至93%以上。目前，全乡70%以上的土地被划入高黎贡山国家级自然保护区，已发现高等植物1000多种、野生动物1151种，是名副其实的"物种基因库"。然而，绿水青山的祖荫并没有让独龙族摆脱贫困，为解决独龙族"捧着金饭碗讨饭吃"的问题，当地党委、政府意识到，不能只讲保护而不要发展，也不能只要发展而放弃保护，必须走一条"在保护中发展、在发展中保护"的生态脱贫之路。2009年前后，独龙江乡把25度以上陡坡耕地全部退耕还林，大力发展草果、独龙鸡、独龙牛、独龙蜂和香料、中草药材等特色种养殖产业。

严厉打击破坏森林资源和野生动植物资源的违法犯罪行为，制定更加有力的森林防火应急处置办法。全面落实河（湖）长制，有序推进林长制创建。开展环境警示教育，增强群众的环保意识、生态意识和环境忧患意识，把生态环境保护

培育董棕苗（罗金合 摄）

和建设变成全乡群众的自觉行动。举行生态保护法律知识讲座，完成封山育林33亩，开展植树造林行动，在全乡6个行政村种树2万余株，其中董棕树种植650亩、薪炭林种植3500亩。独龙江显现出"绿水青山蓝天"的优美环境。认真落实高黎贡山国家级自然保护区、世界自然遗产"三江并流"核心区、独龙江国家公园等相关政策，严守"红线"，保住一片"净土"。

2015年，云南省林业厅安排200万元资金实施独龙江整乡"以电代柴"项目，免费给全乡1136户农户发放电磁炉、电饭煲、多功能电炖锅、取暖器、电热水壶等电炊具。2018年继续开展"以电代柴"和"柴改电"项目，给全乡6个村委会26个安置点41个村民小组1232户免费发放11件套电器炊具，实现了全乡电器炊具发放全覆盖。经评估，使用电器炊具后，每户年均节约薪柴3立方米，占年均每户薪柴消耗量的46.20%；全乡每年可减少薪柴使用3408立方米，相当于保护中幼林852亩，折合标煤1946吨，减少二氧化碳排放4282吨，有效改善了独龙江的生态环境。

针对"一方水土养不起一方人"地区的贫困人口，进行了整体搬迁，将贫困群众搬出大山，极大地改善了贫困群众的生活条件。同时，对搬出地进行复垦复绿，对迁出地相关土地政策进行调整，通过耕地指标易地交易、土地流转，实施退耕还林、封山育林等政策，减轻山区资源超载的压力，恢复和扩大林草植被，遏制水土流失和生态环境恶化。

2017年，引进好帮手保洁公司对农村人居环境进行整治。启动了以"小集镇为中心，北覆盖至龙元村，南覆盖至巴坡村"的垃圾统一清运、集中处理工作，独龙江乡人民政府聘用了32名公益性岗位人员，并配备了两辆垃圾车，加强了集镇

这样打扮我庭园（独龙江乡政府　供图）

孔当村腊配小组人居环境（潘锦秀 摄）

主街道、乡政府办公生活区、绿化带、公厕的卫生保洁工作，实现辖区内全覆盖。与个体工商户签订门前"三包"责任书45份，将环境卫生整治工作列入村规民约，组织干部群众大扫除24次，发放分类垃圾桶500余个，农村环境"脏、乱、差"现象得到进一步改善。

通过落实生态补偿政策，实现"脱贫一批"。用活护林员等公益性岗位，创新利用生态资金。目前，全乡共有313名护林员，每人每年有1万元的工资性收入。除了生态护林员的选聘，独龙江乡还成立了第一家生态扶贫专业合作社——独龙江乡建绿保林生态扶贫专业合作社，让贫困户从参与生态保护中获得经济收入，实现生态保护与农户增收的双重效应。

以生态修复、产业发展、群众增收、美丽宜居为目标，转变群众生产生活方式，实现增绿与增收、生态与生计并重的"双赢""多赢"，筑牢高黎贡山生物生态安全屏障。到2021年，全乡森林覆盖率高达93%，氧离子每立方米达8000个。深入推进"怒江花谷"生态建设和"治伤疤、保生态、兴产业"生态建设巩固脱贫成果行动，完成土地增减挂钩拆旧复垦234户248.7亩。独龙江乡紧扣生态主题，立足富集的绿色资源，顺应自然规律，科学组织和安排生产生活，坚持走"在保护中发展，在发展中保护"的绿色可持续发展之路，让广袤无边的

独龙族妇女（余金成　摄）

山林、美丽宜人的自然风光等都成为致富的"聚宝盆"。

"公路弯弯绕雪山，汽车进来喜洋洋，独龙人民笑开颜。党的政策就是好，幸福不忘共产党……"独龙江峡谷传出一阵阵幸福悠扬的歌声。独龙族作为精准脱贫阶段的一个缩影，能够实现整族脱贫，意味着独龙族群众生活水平上了一个新的台阶，也为全国同步全面建成小康社会作出了积极贡献。脱贫摘帽不是终点，而是新生活、新奋斗的起点。在全面建成小康社会的第一个百年奋斗目标实现以后，展望未来，肩负"再出发"的历史使命，明天的独龙江必定是望得见山、看得见水、记得住乡愁、魅力无穷的人间仙境，也是奋进的独龙族人民永世守护的美好家园。

蝶变密钥

一、一个根本保证：党的领导

中国共产党的领导是中国特色社会主义最本质的特征，中国共产党始终坚持把消除贫困、改善民生、实现共同富裕作为社会主义的本质要求，把为中国人民谋幸福作为自己的初心。以习近平同志为核心的党中央始终把贫困人口脱贫作为全面建成小康社会的底线任务和标志性指标，从全面打响脱贫攻坚战以来，各级党委、政府用习近平总书记关于扶贫工作重要论述统一思想行动、凝聚智慧力量，通过不断提出一系列目标任务、脱贫标准、工作方略、实践路径，指引着脱贫攻坚的方向。中国始终坚持党对扶贫工作的领导，这既是中国扶贫工作的鲜明特色，也是中国扶贫事业取得成功的重要保证。党中央发挥总揽全局、协调各方的领导核心作用，把扶贫开发纳入国家总体发展战略，不断出台有利于贫困地区和贫困人口发展的政策，针对不同人群组织实施扶贫发展规划。在脱贫攻坚实施过程中，中国共产党通过强化中央统筹、省负总责、市县抓落实的工作机制，建立起了省、市、县、乡、村五级书记一起抓的脱贫攻坚组织体系，完善了脱贫攻坚顶层设计、政策供给、监督考核等保障体系，同时也提升了组织实施力。通过党的领导责任体系、资源投入体系、扶贫监督体系等的有效运转，为打赢脱贫攻坚战提供了坚强的政治保证和组织保证。独龙江乡脱贫事实充分印证了，中国共产党具有无比坚强的领导力、组织力、执行力，是团结带领人民攻坚克难、开拓前进最可靠的领导力量。

1952年，独龙江乡成立了第一个党支部。自此，在党的领导下，独龙江乡人民群众不仅做了自己的主人、重获新生，同时党的方针政策也通过基层党组织一项一项落实到户，独龙江乡人民群众也通过基层党组织充分感受到党中央的关怀。从第一次用上碗筷、点上电灯，第一次送小孩上学，再到第一次乘车走出大山……一个又一个的"第一次"，印证出独龙江乡人民群众生活的改头换面。

"太阳照到独龙江，金鹿走出老密林；太阳就是共产党，千年古树发了芽……"从1960年吟唱至今的独龙江乡民歌——《太阳照到独龙江》，歌词朴素而生动地表达出独龙江乡人民群众对中国共产党的感恩之情。

大多数人对独龙江乡这个较偏远的民族地区知之甚少，但习近平总书记却表示："我们并不陌生，因为有书信往来。"2014年元旦前夕，贡山县干部群众致信习近平总书记，汇报了当地经济社会发展状况以及人民生活改善的情况，同时也第一时间报告了高黎贡山独龙江公路隧道即将贯通的好消息。习近平总书记收到信后很快回了信，信中写道："向独龙族的乡亲们表示祝贺！"并且殷切期望独龙族群众"加快脱贫致富步伐，早日实现与全国其他兄弟民族一道过上小康生活的美好梦想"。

2015年新年伊始，正在云南考察的习近平总书记仍密切关注着高黎贡山隧道建设和独龙族干部群众的生产生活。带着对

幸福不忘共产党（韩博 提供）

贡山县干部群众尤其是独龙族乡亲们的挂念，习近平总书记特意安排了与当初写信的5位干部群众和2位独龙族妇女的会面。会面中他亲切地说："我今天特别高兴，能够在这里同贡山独龙族怒族自治县的代表们见面。独龙族这个名字是周总理起的，虽然只有6900多人，人口不多，也是中华民族大家庭平等的一员，在中华人民共和国、中华民族大家庭之中骄傲地、有尊严地生活着，在中国共产党领导下，同各民族人民一起努力工作，为全面建成小康社会的目标奋斗。"同时，习近平总书记还指出，独龙族和其他一些少数民族的沧桑巨变，证明了中国特色社会主义制度的优越性。前面的任务还很艰巨，要继续发挥我国制度的优越性，继续把工作做好、事情办好。

2019年，又逢春意盎然的时节，在得知独龙族实现整族脱贫的喜讯后，习近平总书记再次给独龙江乡群众回信，勉励乡

宣读习近平总书记回信（潘锦秀 摄）

亲们建设好家乡、守护好边疆，努力创造更加美好的明天。习近平总书记在回信中深情地说："让各族群众都过上好日子，是我一直以来的心愿，也是我们共同奋斗的目标。"习近平总书记的亲自指挥和亲切关怀，加上党对脱贫攻坚的集中统一领导，是独龙江乡脱贫攻坚战取得全面胜利的根本原因。①

二、一个独特优势：
中国特色社会主义制度

坚持中国特色社会主义制度，是脱贫攻坚取得成功的关键。中国特色社会主义制度作为在实践中不断发展完善的科学制度体系，一直为打赢脱贫攻坚战提供着强大的制度支撑。因此，具有中国特色的脱贫攻坚理应始终牢牢把握中国特色社会主义制度。脱贫攻坚是以习近平同志为核心的党中央充分依靠社会主义制度的优越性开展的举国行动，旨在在全国范围内彻彻底底地消除绝对贫困，使贫困地区以及贫困群众同全国人民一起进入全面小康社会，这一决心本身就充分展示了中国的政治优势和制度优势。同时，脱贫攻坚也是中国特色扶贫开发道路在新时代的有力体现，中国共产党始终以消除贫困作为首要任务，以改善民生作为基本目的，以实现共同富裕作为根本方向，这充分体现了中国特色社会主义制度的优越性。习近平总书记一直以来都十分重视扶贫工作，他指出："贫穷不是社会主义。如果贫困地区长期贫困，面貌长期得不到改变，群众生活长期得不到明显提高，那就没有体现我国社会主义制度的优

---

① 姚雪兰、梁荣欣、陈树熙：《浅谈云南省独龙族整族脱贫致富的实例及经验启示》，《才智》2022年第15期，第156—158页。

2020年3月，独龙江乡人民代表大会召开后，与会代表与老干部留影（余金成 供图）

越性，那也不是社会主义。"①

  在我国，各级党委和政府是把中国特色社会主义的制度优势转化为贫困治理效能的关键。习近平总书记指出："各级党委和政府要把打赢脱贫攻坚战作为重大政治任务，强化中央统筹、省负总责、市县抓落实的管理体制，强化党政一把手负总责的领导责任制，明确责任、尽锐出战、狠抓实效。"②脱贫攻坚这一全国性重大问题、全国性共性问题，一直以来都是国家层面政策制度制定出台的聚焦点。地方各级政府更是把脱贫

---

  ① 习近平：《在全国脱贫攻坚总结表彰大会上的讲话》，中华人民共和国中央人民政府，2021年2月25日，http://www.gov.cn/xinwen/2021-02/25/content_5588869.htm。
  ② 中共中央党史和文献研究院：《习近平扶贫论述摘编》，中央文献出版社，2018年8月版。

党员带头传授农用知识（独龙江乡政府　供图）

责任和脱贫任务始终放在首位，坚持党中央确定的脱贫攻坚目标和扶贫标准，贯彻精准扶贫、精准脱贫基本方略，做好域内协调、上下衔接工作。同时，基层党组织是打赢脱贫攻坚战的战斗堡垒，贫困地区基层党组织是脱贫攻坚的核心力量，是打赢脱贫攻坚战"最后一公里"的关键因素。这种上下级政府间的统筹协调、通力合作，充分体现了中国特色社会主义制度的优势。①

独龙族整族脱贫，实现了生产力与生产关系的"千年跨越"，这不仅仅体现出中国特色社会主义制度的优越性，同时也较好地彰显了中国特色社会主义制度集中力量办大事、以人民为中心、坚持改革创新等制度层面的显著优势，充分证明了只有中国特色社会主义制度才能在独龙江乡脱贫事业中集众人

---

① 潘道广：《脱贫攻坚战彰显中国制度和治理体系六大优势》，《常州大学学报（社会科学版）》2020年第6期，第10—17页。

之智，形成强大凝聚力和号召力，团结带领独龙江乡人民群众积极投身到脱贫攻坚工作中；同时，通过广泛调动各方社会力量，将有限的资源进行整合，从而产生集聚效应，朝着打赢脱贫攻坚战的共同目标奋发进取。

三、一个治国理政理念：一家人都要过上好日子

中国共产党始终把各族人民对美好生活的向往作为奋斗目标，并且努力确保少数民族和民族地区同全国一道实现全面小康和现代化。以习近平同志为核心的党中央将脱贫攻坚纳入"五位一体"总体布局和"四个全面"战略布局，时刻挂念贫

幸福的一家人（独龙江乡政府 供图）

各民族共同繁荣发展(潘锦秀 摄)

困地区和困难群众，把扶贫作为治国理政的重要内容，提出了一系列重要思想、重要论述，作出了一系列重大决策部署，其中一个尤为关键的治国理政理念就是铸牢中华民族共同体意识。铸牢中华民族共同体意识，是实现中华民族伟大复兴的强大动力。要让改革发展成果更多更公平地惠及各族人民，不断增强各族人民的获得感、幸福感、安全感。习近平总书记多次强调，"全面建成小康社会，一个少数民族也不能少"，"中华民族是一个大家庭，一家人都要过上好日子"。我国是一个统一的多民族国家，各民族是一个命运共同体。"坚持各民族一律平等，坚持各民族共同团结奋斗、共同繁荣发展"[①]是我国发展的巨大优势，也是我国国家制度和国家治理体系的显著优势。

在独龙江乡，"一家人都要过上好日子"的理念得到了生动实践。独龙族是人口较少民族，一直以来都存在着贫困面广、贫困程度深、脱贫难度大等问题，然而，扶持人口较少民族的发展是党和国家解决民族问题和全面建成小康社会的重要内容。努力实现独龙族等"直过民族"的脱贫，能够促进各民族的共同发展，有利于我国构建和谐的民族关系。与此同时，独龙江乡整乡脱贫的事迹充分彰显了我国各民族共同奋斗、共同繁荣发展的治理理念，也充分体现了我国的脱贫攻坚致力于保障发展成果能够更多更公平地惠及全体人民，以脱贫成果由人民共享为评价减贫成效的基本取向，印证了中国共产党的治国理念始终是坚持以人民为中心、坚持人民主体地位、坚持发

---

① 《中共中央关于坚持和完善中国特色社会主义制度 推进国家治理体系和治理能力现代化若干重大问题的决定》，中华人民共和国中央人民政府，2019年11月5日，http://www.gov.cn/zhengce/2019-11/05/content_5449023.htm。

展成果由人民共享。

实现中华民族伟大复兴,需要各民族手挽着手、肩并着肩,共同努力奋斗。各族人民亲如一家,只有一家人都过上好日子,美好的中国梦才能够实现。

四、一套科学方法:
坚持精准扶贫、精准脱贫

脱贫攻坚,贵在精准,重在精准,成败在于精准。独龙江乡群众之所以能创造这样的人间奇迹,很大程度上就离不开精准扶贫这一制胜法宝。2013年11月,习近平总书记来到湖南湘西十八洞村考察,对扶贫工作作出重要指示,强调"扶贫要实事求是,因地制宜。要精准扶贫,切忌喊口号,也不要定好高骛远的目标"。这是他首次提出"精准扶贫"的概念。习近平总书记通过深入思考我国扶贫实践,结合我国的扶贫思想发展创新提出的精准扶贫战略思想,无疑是新时代中国特色社会主义扶贫思想的精髓。精准扶贫思想的诞生,标志着中国扶贫开发方式从粗放型向精准化的转折。习近平总书记指出:"事实充分证明,精准扶贫是打赢脱贫攻坚战的制胜法宝,开发式扶贫方针是中国特色减贫道路的鲜明特征。只要我们坚持精准的科学方法、落实精准的工作要求,坚持用发展的办法解决发展不平衡不充分问题,就一定能够为经济社会发展和民生改善提供科学路径和持久动力!"[1]

---

[1] 习近平:《在全国脱贫攻坚总结表彰大会上的讲话》,中共中央党校(国家行政学院),2021年2月25日,https://www.ccps.gov.cn/xtt/202102/t20210225_147575.shtml?from=groupmessage&ivk_sa=1025883i。

独龙江乡贫困退出现场推进会（独龙江乡政府 供图）

云南省委、省政府以独龙江乡的具体情况为依据，出台了《关于独龙江乡整乡推进独龙族整族帮扶三年行动计划的实施意见》，积极组织相关部门编制了《云南省贡山县独龙江乡整乡推进独龙族整族帮扶综合发展规划（2010—2014年）》，同时作出了相应的安排和部署，结合规划和实施意见，编制了《独龙江乡整乡推进独龙族整族帮扶产业发展专项规划》，为推动独龙江乡实现跨越式发展、独龙族整体脱贫提供了精准的扶持政策。根据《云南省贡山县独龙江乡整乡推进独龙族整族帮扶综合发展规划（2010—2014年）》，帮扶办公室通过精准分析，确立了以基础产业培育、基础设施改善、基本素质提升、基本保障构建、基本队伍建设为关键，以交通为主的基础设施建设为突破口，以培植特色旅游为主的增收产业为主要途径,着力实施安居温饱、基础设施、产业发展、社会事业、素质提高、生态环境保护与建设"六大工程"。[①]同时制定了时间进度表,并把每个工程任务进行年度目标分解,保证各项工程的顺利进行。《独龙江乡整乡推进独龙族整族帮扶产业发展专项规划》的制定,更加明确了独龙江乡以丰富独特的自然生态、民族文化等优势资源为依托,坚持以旅游业为主,积极建设独具特色的种养殖产业,引导独龙江乡农业生产走循环发展模式。同时对每个产业都进行了建设目标、产业布局、建设重点的规划,科学分析相应的配套措施、项目预算、效益预测。这些措施有效地保证了帮扶规划的顺利进行。

在整乡帮扶政策中,通过安排科技发展项目经费,对困难群众进行农业科技推广、服务技能、建筑施工技术等几个方面的培训,使其掌握技能,从而提高再就业的能力。同时因地制宜扶持独龙江乡精准脱贫政策实施,发展适合独龙江乡的特色产业。精准脱贫攻坚战打响以来,怒江州和贡山县两级启动实施了独龙江乡"率先脱贫、全面小康"八大提升行动,夯实"两不愁三保障"基础。

2016年,怒江州、贡山县共同编制完成了《贡山县独龙江乡整乡推进独龙族整族帮扶后续发展规划(2015—2020)》与《独龙江乡脱贫摘帽攻坚方案》,涵盖安居温饱巩固、基础设施完善、社会事业发展、产业发展体系、素质强化和生态环境保护"六大工程"后期发展的20类53个项目,估算投资92930

---

① 王晓飞:《中国人口较少民族的贫困问题及扶持政策研究》,中央民族大学,2012年硕士学位论文。

感党恩（罗金合 摄）

万元。①由此开展的独龙江乡的精准扶贫工作主要集中在以下几个方面：一是摸清基本底数，确保扶持对象精准。扶持对象精准，是精准扶贫的前提，是打赢脱贫攻坚战的重要基础。驻村扶贫工作队通过翔实的走村入户调查，以及随后开展的评定工作，完成了建档立卡户、建档立卡人口的精准识别，并形成《2016年独龙江乡建档立卡贫困户花名册》《2016年各村贫困户人数分解表》和《2016年退出建档立卡户花名册》。二是通过产业规划，突出独龙江乡特色产业，力求项目安排精准。三是结合独龙江乡实际，制定了教育脱贫一批、易地扶贫搬迁脱贫一批、发展生产脱贫一批、生态补偿脱贫一批、社会保障兜

---

① 中共独龙江乡委员会、独龙江乡人民政府办公室：《独龙江乡2016年度脱贫攻坚上半年工作推进情况汇报》，2016年7月28日。

底一批的"五个一批"计划,坚持精准扶贫、精准脱贫基本方略,确保措施到户精准。四是通过协同省、州、县各级政府和职能部门,健全完善机制,强化资金整合,细化任务和责任分工。五是整合人力资源,进一步发挥挂联单位、驻村工作队、村干部、大学生村官"四支队伍"的作用,激发群众的积极主动性和内生动力,打造整体合力。六是完善监督机制,各级纪检监察、审计部门也全程参与到精准扶贫项目建设和资金使用的监督工作中。①2018年底,独龙族实现整族脱贫后,怒江州和贡山县两级启动独龙江乡"巩固脱贫成效、实施乡村振兴"行动。通过一系列的超常规措施,确保不让独龙族在实现全面小康的路上掉队。

五、一个协作体系:众人拾柴火焰高

东西部协作体系的建立是脱贫攻坚的一项重要举措,在决胜脱贫攻坚战中发挥了重要作用。一直以来,通过中央及各地党委、政府的积极引导和有力推动,历经对口支援、东西部扶贫协作等发展阶段,我国扶贫协作的顶层制度设计日趋完善,制度基础不断夯实,系统协同、灵活机动、区域平衡发展的协作机制已逐步形成。这些政策制度对不断提高东西部扶贫协作治理体系、治理水平现代化以及解决区域贫困等均起着重要作用。东西部通力协作的扶贫体系,不仅推动了脱贫攻坚的高质量发展,也持续巩固拓展了脱贫攻坚成果同乡村振兴的有效衔接,为全球减贫事业贡献了中国力量、提供了中国方案,充分

---

① 杨艳:《云南贡山独龙江乡的扶贫与发展研究》,中南民族大学,2018年博士学位论文。

独龙江乡草果大丰收（余金成　摄）

彰显了中国在贫困治理方面的独特价值。①

2010年，在独龙江乡启动《独龙江乡整乡推进独龙族整族帮扶三年行动计划》之际，上海市就开展了支持独龙江整乡推进整族帮扶行动，投入7670万元，重点帮扶村容村貌建设、安居房改造、特色产业、乡级卫生院和学校等项目建设。在对独龙江乡的帮扶中，上海市着眼于长远发展，打造出了普卡旺旅游特色村和腊配民族特色村，在改善独龙族群众居住条件的同

---

① 郭春甫：《东西部扶贫协作的辐射带动与"溢出"效应研究》，《重庆行政（公共论坛）》2021年第3期，第37—39页。

企业助力村民增收（潘锦秀 摄）

时，依托普卡旺、腊配绝美的自然资源，发展家庭式旅游业，拓宽当地群众的增收来源。

上海市通过发挥资源优势，整合社会各方力量，深化了两地在产销对接、劳务就业、消费扶贫和教育、医疗、人才交流帮扶等领域的交流合作。与此同时，通过建立健全长效协作机制，加强全方位沟通衔接以及制定长远发展规划，扎实推进了东西部扶贫协作各项重点工作任务的落实，谱写着上海市和独龙江乡两地对口帮扶协作的新篇章。

医疗保障水平不高和缺医少药一直是制约独龙江乡"两不愁三保障"水平提升的重要因素，针对这一短板，珠海对口帮扶工作组开展了精准施策。从2016年开展新一轮东西部扶贫协作以来，珠海市先后派出多名医护人员来到独龙江乡，专业涉及内科、外科、儿科、药剂、公共卫生、急诊护理等医学学科。这些高水准的珠海医护人员不仅带来了先进的技术，还带来了先进的设备，仅珠海市金湾区就捐赠了价值近百万元的远程诊疗系统以及价值50万元的救护车。同时，珠海帮扶医生在医疗扶贫过程中，通过广泛开展健康教育，改变患者的卫生习惯和生活习惯，还重点加强疾病的防控工作。珠海帮扶医生通过深入细致的入户走访以及翔实的实地调查，对独龙江乡各户人家的家族病史和身体状况都进行了详细的统计和资料录入，完善了全乡的健康档案，每个独龙江乡群众都拥有了自己的健康档案，医生可以根据档案为村民提供有针对性的基本医疗保障和公共卫生服务，实现了独龙族群众"小病问医不出村"。

六、一种精神动力：好日子是干出来的

"精神扶贫"是扶贫工作的重要内容之一。党的十九大报告指出："坚持大扶贫格局，注重扶贫同扶志、扶智相结合。"①实施志智双扶，才能从根本上解决精神贫困的难题。习近平总书记指出，"打好脱贫攻坚战，关键在人，在人的观念、能力、干劲"；同时他还多次提到，"要坚持扶贫同扶智、扶志相结合，注重激发贫困地区和贫困群众脱贫致富的内在活力，注重提高贫困地区和贫困群众的自我发展能力"。②解决精神贫困问题成为新时代推进扶贫开发工作的重要课题。贫困地区群众既是扶贫的对象，更是脱贫的主体，摆脱贫困最

---

① 习近平：《决胜全面建成小康社会 夺取新时代中国特色社会主义伟大胜利：在中国共产党第十九次全国代表大会上的报告》，中华人民共和国中央人民政府，2017年10月27日，http://www.gov.cn/zhuanti/2017-10/27/content_5234876.htm。

② 习近平：《决胜全面建成小康社会 夺取新时代中国特色社会主义伟大胜利：在中国共产党第十九次全国代表大会上的报告》，中华人民共和国中央人民政府，2017年10月27日，http://www.gov.cn/zhuanti/2017-10/27/content_5234876.htm。

巴坡村村民在村口售卖独龙蜂（潘锦秀 摄）

终要靠困难群众自己的辛勤劳动来实现。构建扶贫同扶志、扶智相结合的内生动力生成机制，能够通过扶志助力贫困人口树立脱贫致富意愿，通过扶智提升贫困人口实现稳定脱贫的自我发展能力。不断激发贫困群众的内生动力，充分调动贫困群众的积极性、主动性和创造性，着力引导他们树立脱贫信心和决心，自力更生，艰苦奋斗，依靠自己的智慧和勤劳改变贫穷落后面貌。通过精神上的扶持，让贫困群众走出思想上的贫困，才能担起实现共同富裕的重任，树立"劳动创造美好生活"的

龙元村妇女直播卖特产（潘锦秀 摄）

理念，彻底告别"等、靠、要"的生活状态。

近年来，独龙江乡围绕巩固脱贫攻坚成果、推进乡村振兴目标任务，促进扶贫与扶志、扶智相结合，在千方百计增加群众收入的同时，加快补齐群众"精神短板"，进一步激发群众内生动力，增强群众自我发展能力，独龙族群众的脑袋日益"富起来"，建设好家乡、守护好边疆的干劲更加充足。独龙江乡通过出台政策支持引导鼓励，以乡村文化为纽带，支持贫困群众的自我提升，并适时给他们创造锻炼自我、培养能力的舞台。结合打造"美丽庭院"的契机，乡党委、乡政府邀请技

巴坡村村民斯文全（中）与同伴在手机上售卖蜂蜜（杨时平 摄）

术员，免费为村民开展鹅卵石花台铺砌培训，指导村民动手建设自家庭院。通过鹅卵石花台铺砌技能培训，不仅能够帮助独龙江乡群众美化自家庭院，同时还使拥有一技之长的群众实现了在建筑公司的稳定就业，在家门口就能务工以增加收入。通过增强独龙乡群众自力更生的能力，倡导新的生产生活方式，鼓励他们在美丽的乡村天地施展才华，增强致富的自信心，树立脱贫致富的志气和底气，创造出崭新的生活。

2022年6月，贡山县人民政府发布了《贡山县文化振兴实施方案》，提出通过实施一系列铸魂扶智工程、文化惠民工程以及文化人才培育工程，强化思想政治引领，保障文化民生，强化人才支撑，从而改善独龙江乡人民精神风貌，提振乡村精气神，把文化振兴贯穿于乡村振兴的各领域、全过程，促进一二三产业融合发展，激发乡村发展活力，培育脱贫致富和乡村振兴发展新动能的目标。

七、一个长效机制：独龙江明天更美好

如何巩固拓展脱贫攻坚成果，防止再次返贫，是打赢脱贫攻坚战必须解决的一项重要课题。同时，实现稳定脱贫，也不得不面临巩固脱贫成果、稳定增收、持续保障三重困难。习近平总书记在综合研判我国脱贫攻坚工作整体形势、深入分析稳定脱贫面临的问题的基础上，提出"要探索建立稳定脱贫长效机制"的总体思路。他指出，"发展产业是实现脱贫的根本之策"，要"把培育产业作为推动脱贫攻坚的根本出路"。通过构建稳定脱贫和乡村产业振兴衔接机制，通过产业振兴增强贫困地区的造血功能。[①]

乡村要振兴，产业必兴旺。在党和国家的关心支持下，独龙江乡坚持生态优先、绿色发展，从种植草果开始，逐步探索出了一条生态保护与产业发展双赢的路径，并最终明确了以发展林下特色种养殖业为主的产业。实验基地草果种植成功，便被政府选定为重点扶持产业，参与的农户数量和种植规模持续扩大。目前，林下产业已成为独龙族群众的"绿色银行"，2021年当地草果产量超过2555吨，产值约2044万元，草果种植户户均收入达1.8万元，人均达5000元，草果产业成为独龙族群众的致富产业。除了种植草果，独龙江乡还累计种植羊肚菌963亩、黄精1108.5亩、重楼738.6亩、灵芝72亩，养殖独龙蜂11250箱、独龙鸡7200羽、独龙牛1153头。

[①] 蒋和胜、邹涛、李小瑜：《积极探索建立稳定脱贫长效机制》，《光明日报》2020年9月11日第11版。

独龙江乡老人的幸福欢笑（潘锦秀 摄）

地处独龙江乡南部的巴坡村，过去村民长期以传统农业为主，农业基础薄弱，农村集体经济基本为零。为了脱贫致富，村"两委"积极争取资金，以发展村集体经济的形式，扩大独龙鸡繁殖示范基地养殖规模，通过引入野生原鸡做种源、人工驯养繁殖，使原鸡的存笼量达到2000只以上，养殖规模不断壮大，真正让群众从养殖独龙鸡中获利，激活贫困户自身"造血"功能，为推进乡村振兴注入强劲动力。

行走在美丽乡村间（潘锦秀 摄）

  2021年，独龙江乡人均可支配收入达1.5万元，户均存款超过5万元，85%以上的家庭拥有机动车，独龙江乡从以前人人牵挂的地方成了现在人人向往的地方。[1]

---

  [1]《产业兴 百姓富 解锁乡村振兴"幸福密码"》，怒江传媒微信公众号，2022年4月15日，https://mp.weixin.qq.com/s?__biz=MzA5MzE1ODczNQ==&mid=2649636187&idx=1&sn=db02f6b10baae0f29ebec2bf405b944e&chksm=8878b17bbf0f386d8df9f6b4aedbb119837c9f70ecdaea3d7b5ea14c3cf3516b60baf483efa2&scene=27。

"更好的日子还在后头"

"脱贫只是第一步,更好的日子还在后头。"习近平总书记的关心和嘱托就是遵循,独龙族人民也跟随全国人民一道大踏步迈入了全面建设社会主义现代化国家的新征程。脱贫攻坚

生活幸福笑容甜(潘锦秀 摄)

目标任务完成后，按党中央部署设立五年过渡期，切实巩固拓展脱贫攻坚成果同乡村振兴有效衔接。独龙江乡坚持把解决好"三农"问题作为工作的重中之重，坚持农业农村优先发展，重点聚焦补齐短板弱项、抓实巩固提升，夯实乡村振兴的基础，全力促进农业高效高质、乡村宜居宜业、农民富裕富足，推进农业农村现代化。

一、巩固拓展，有效衔接

聚焦成果巩固，坚决守牢防止返贫底线，把巩固拓展脱贫攻坚成果放在重要位置，按照脱贫攻坚成果巩固要求指标5大方面20条具体要求，对标对表，强化到村到户到人的后续巩固提升措施，全面做好后续巩固提升优化工作。严格落实"四个不摘"[①]要求，扎实推进"一平台、三机制"[②]专项行动，推动实现"四个全面覆盖"，健全简便、快速、精准的防止返贫监测和帮扶机制，对全乡已脱贫的610户2285人进行精准监测，保持扶持政策不变、支持力度不减。定期开展脱贫户和边缘户动态监测帮扶，认真落实低收入人群基本社会保障和动态监测，实行"遇困即扶"、动态清零。对现有帮扶政策逐项分类优化调整，合理把握调整节奏、力度、精准度，分类施策、精准发力，多措并举推动群众持续增收，逐步实现由集中资源

---

① "四个不摘"：摘帽不摘责任、摘帽不摘政策、摘帽不摘帮扶、摘帽不摘监管。

② "一平台"：建立全省统一的救助平台，实现农村低收入人口帮扶全覆盖。"三机制"：建立"双绑"（农民专业合作社绑定农户、龙头企业绑定农民专业合作社）利益联结机制，实现产业帮扶全覆盖；建立股份合作机制，实现村集体经济全覆盖；建立扶志扶智长效机制，实现培训就业全覆盖。

决胜脱贫攻坚向全面推进乡村振兴平稳过渡。

（一）保持政策稳定

独龙江乡发展基础薄弱，脱贫攻坚成果稳定性差，5年过渡期更要注重保持帮扶政策总体稳定，在项目资金安排、帮扶力量配置、政策措施支持等方面要争取更多支持。要强化巩固拓展脱贫攻坚成果投入保障，持续争取上级部门推进涉农资金整合使用机制，不断增加对独龙江乡农业农村投入，确保财政投入力度总体稳定，进一步围绕水电路气等基础设施建设，教育、医疗、文化、消防等公共服务设施建设，以及农村人居环

独龙欢歌（潘锦秀　摄）

扮靓美丽乡村（潘锦秀 摄）

境提升改善等方面加大建设力度。要注重发挥各级各类金融机构服务"三农"的积极作用，尤其是政策性金融机构和地方金融机构对壮大农村集体经济的助力作用，通过财政引导、多元化投入共同扶持集体经济发展机制，大力发展特色产业、乡村旅游、民族文化、民宿休闲等多元化集体经济，增强独龙江乡集体经济"造血"功能。加大对独龙江乡产业帮扶力度，补齐技术、设施、营销等短板，加强产业发展基础设施建设，推动产业提档升级。实施就业优先政策，健全巩固脱贫人口劳动力就业需求监测预警机制，通过推动产业发展吸纳脱贫人口和低收入人口劳动力就业。落实好中央脱贫攻坚土地政策，根据乡情进一步探索完善独龙江乡增减挂钩节余指标流转政策，积极探索市场化运作模式，吸引社会资金参与独龙江乡产业发展和乡村建设。强化人才支撑，从州、县两级优选年轻干部到独龙江乡工作，在职务、职称晋升方面采取倾斜政策，吸引更多高校毕业生到独龙江乡就业创业。

（二）完善巩固拓展脱贫攻坚成果机制

加强独龙江乡巩固拓展脱贫攻坚成果顶层设计，完善体制机制，巩固"两不愁三保障"成果，推动脱贫攻坚战略和工作体系平稳转型。充分发挥独龙江乡干部对乡情了然于心的优势，结合新一代信息技术平台支撑作用，精准识别研判农村低收入人口贫情动态，将产业帮扶、就业帮扶和社会救助有机结合，做到能帮尽帮、应保尽保、应兜尽兜。针对重点收入水平变化和"两不愁三保障"巩固情况，建立健全针对易返贫人口的常态化监测、多层次的快速发展和响应机制，及时将返贫和致贫人口纳入帮扶范围，做到早发现、早干预、早帮扶。充分用好对口帮扶地区接续支持的政策，完善社会力量参与帮扶机制，注重发挥好中交集团、上海市政府合作交流办等选派的志愿者作用，同时大力培养新型农民、本土"行家里手"，创新扶贫同扶志、扶智相结合的实践载体，帮助脱贫群众摆脱精神贫困，自主自强，强化种养殖产业、汽车维修、旅游接待礼仪、厨艺、户外向导等人才培训。全面摸清各类扶贫项目形成的资产底数，健全完善项目资金管理和监督制度，健全资金资产管理工作动态监测机制，加强项目实施和资金使用管理，让群众广泛参与进来，保障效益发挥，建立产权归属明晰、权责义务匹配、运营管护高效、收益分配合理、资产处置合规的资产管理机制。完善考核评价宣传机制，制定切实可行的巩固脱贫攻坚成果考核标准和程序，全面宣传独龙族脱贫攻坚的历史性成就，深刻揭示脱贫攻坚伟大成就背后的制度优势，向世界讲好独龙族脱贫的生动故事。

二、紧扣特色，找准方向

乡村振兴，产业先行。产业振兴是乡村振兴的基础和核心。要结合各村产业发展实际，立足产业发展现状和农业资源条件，把大力发展具有山区特色的种养殖产业作为基本方向，重点是发展具有本村优势的种植业和具有本村特色的生态养殖业，把农民专业合作社和专业大户作为重要抓手，大力发展村、组两级集体经济。

（一）优先发展高原特色农业

深入贯彻落实中央决策部署，坚持走以生态优先、绿色发展为引领的高质量跨越式发展新路子。聚焦深化农业供给侧结构性改革，优化农业生产结构和产业选择，做好做实做精特色产业这篇文章，推动全乡农业适度规模经营，培育壮大新型农业经营主体，强化农业要素支撑保障，推动全乡农业转型升级，扎实推进产业振兴。

1. 进一步夯实农业发展基础

目前，全乡高原特色农业发展基础进一步夯实，为下一步实现农业现代化提供了坚实支撑。全乡草果、重楼、羊肚菌、独龙蜂、独龙牛、独龙鸡等特色种养殖产业粗具规模，全乡草果累计种植面积已达6.86万亩，人均草果收入达2709元。各类

美好生活走起来（杨时平　摄）

适宜优质特色农产品种植养殖发展基础进一步完善，全乡种植羊肚菌600亩、葛根750亩、黄精320亩，养殖独龙蜂4500余群，为下一步实现独龙江高原特色农业高质量发展提供了坚实支撑。为进一步完善和拓展乡村特色种养殖产业，需加快推动迪政当村50亩灵芝、400亩黄金果产业项目落地；做好冷水鱼养殖项目，兴建迪政当村、献九当村、龙元村3个水产养殖示范点；做好独龙牛养殖场集中养殖项目，新建改造6个独龙牛牧场，修建牧场生产桥和牧场便道；高质量推进高黎贡山猪养殖项目，实现科学养殖、现代营销的全方位结合。

充分挖掘有限土地资源潜力，加强独龙江乡的高标准农

江边小村——孔当村王美新村（宋林武　摄）

田建设，完善农田灌排设施，整治田间生产便道和农村机耕道路，大力开展田土治理、土壤改良与地力培肥建设，形成集中连片、旱涝保收、稳产高产、生态友好的高标准农田，保障粮食和农作物高产稳产。积极推进"三品一标"示范乡建设，以现有产业基础和各村产业优势为出发点，积极谋划、培育和鼓励发展特色产业，在现有产业基础上，加快推进特色蔬菜、特色厨房工程、中药材种植基地建设，逐步实现草果、重楼、黄金果等农作物规模种植效益。同时，加强高原特色农业配套设施建设，推动新建农产品烘干车间、初加工车间和精深加工企业，建设完成草果生产便道、草果生产索道，助力草果产业高质量发展。建成马库老村、献九当村独龙鸡育种扩繁示范点2个，建成巴坡村及孔当村等独龙蜂集中养殖点8个、扩繁点4个。

2. 构建具有独龙江特色的农业产业体系

独龙江乡的产业发展结合了当地土壤、气候、水文、植被等多方因素，创造了农、林、牧、游复合特色经营模式，形成了以草果种植为主，以重楼等中药材种植和独龙牛、独龙蜂等养殖为辅的特色农业产业体系。通过推进乡村产业、人才、文化、生态、组织"五个振兴"，建设产业美、民居美、环境美、乡风美、生活美的"五美乡村"，旅游文化产业实现实质性跨越发展，群众增收渠道进一步拓宽。

充分发挥中草药材产业覆盖面广、参与农户多、发展潜力大的优势，积极有效整合各村的闲散土地资源，尽可能地集中连片发展以重楼为主的中药材种植。依托农民专业合作社，以"合作社+基地+农户"模式，打造高品质中药材数字化种植试验示范基地，注重引进高端农机设备和高效农业设施，实行不施化肥、农药，全程有机种植，建立智能化管控平台，实现基地可持续发展。构建以村为单位的中药材种植示范单元和乡级中药材初级加工厂为一体的中药材种植、加工产业链。大力发展智慧农业，加大农业智能装备、数字装备利用力度，推进基地绿色发展，利用网络直播平台，打造最美现代农业观光景点，拓展延伸现代农业产业链，实现"种植+观光"农旅融合发展。

绿色发展特色林果业。依托独龙江乡独特的气候和资源优势，在林业经济发展过程中，要直接权衡经济效益和生态效益,充分认识二者间的相互关系,要用长远的眼光看问题,不能只注重短期的经济效益,而应该同时考虑生态效益和社会效益。推进全乡高山林果种植基地建设,发展可食用、观光的林果业,鼓励村民在房前屋后种植果树、美化庭院、合理流转土地进行规模化种植,促进林果种植、采摘与观光旅游有机结合,实现特色林果业可持续发展。重点打造独龙江乡草果产业,一是规范品种管理,保持种植品种的优良选育,根据草果果实的形状、颜色等特征建设草果良种选育基地,选择更加适合当地种植的品种。通过在区域内有针对性地对草果产量及质量优良的母株进行连续统计,最终选育出稳定高产优质的草果品种,解决独龙江乡草果产业的品种品质问题,实现草果的提质增效。二是充分利用好独龙江乡生物多样性和气候多样性的优势,不断调整操作种植的规范化模式,因地制宜制定最佳的

独龙江乡领导干部在龙元村调研产业发展情况(余金成 供图)

生态种植模式。三是加强农业科技培训，经常性地组织省内具有一定管理经验的草果专家到独龙江乡开展草果种植技术培训，注重州、县相关农业部门对独龙江乡农业科技人员、种植农户进行的分期分批层层培训，真正让群众掌握草果种植管理技术、病虫害防治、果实加工等相关知识，逐渐提高种植户的种植管理水平。四是通过政府扶持、社会融资的方式助力龙头企业建设优质种苗繁殖基地、草果交易市场、草果深加工和运输、农业市场等，带动独龙江乡草果产业向更深更广的领域健康发展。同时，科研部门要进一步加强草果林下标准化丰产栽培及管理模式的示范推广研究，并开展独龙江乡草果优良品种选育等方面的研究。

以生态保护为前提，自然村可适度发展高山牧业。聚焦独龙江特有的独龙牛、独龙蜂、独龙鸡、冷水鱼、高黎贡山猪等，以提高产品品质、提升养殖技术、保护传统物种为目标，高标准建设高山优质养殖基地。打造独龙品牌，走小众、高端路线，开发精深加工产品，增加产品附加值，结合独龙江"一村一品"打造，形成极具特色的绿色食品品牌。结合农家乐、高端民宿建设，积极探索培育特色产业发展新模式，结合自然美景，让游客徒步高山草甸的同时，感受不同的民俗风情，促进"养殖+体验"农旅融合发展。鼓励实行传统物种资源保护，建设独龙江传统物种基因保护示范点，并将其作为科普基地，增强人们对传统物种的认识，加强其保护意识，推动形成养殖和文旅互促互补的良好格局。

（二）融合发展文化旅游产业

坚持全域旅游发展理念。发挥独龙江乡的资源禀赋和民族文化优势，依托中国传统村落、特色小镇文化核心村定位，加

初步建成的孔当村普卡旺民族生态旅游特色村（宋林武 摄）

快独龙族文化旅游产业体系建设，深度挖掘独龙族传统文化，促进民族文化交流和休闲、观光旅游。以传统村落为中心，重点打造以乡村产业、乡村民居、生态观光、传统文化为主的乡村旅游大环线，加强打造以民族手工制作工坊、农家乐和传统祭祀活动为主的文化旅游环线，深入推进文旅、农旅有机融合发展。

着力发展独龙族文化游，做好文化传承与保护。独龙江孕育了独特的独龙族文化，而对独龙族文化的保护和抢救，是

迪政当村陈永群夫妇（左二、左三）接待香港游客（宋林武　摄）

历史的责任，也是云南民族文化大省建设和文化产业开发的现实需要。独龙江乡作为全国唯一一个独龙族主要聚居地和独龙族文化传承的主要地区，独龙族在此创造出了独特的物质文化和非物质文化，就地开展文化保护是最有效和最有可行性的途径。要实现独龙族跨越式发展，就要探索民族文化的传承保护和经济发展的契合点，大力发展文化产业生产力。一是注重引进强优旅游公司，规划建设独龙族特色小镇文化示范村，在做好传统村落保护和巩固的基础上，不断完善村寨基础设施建设，体现独龙族传统建筑特色，以保护和传承独龙族传统文化与习俗为宗旨，加强独龙族传统文化引导，开展有民风民俗特色的旅游文化项目。利用得天独厚的独龙江自然资源，融入别具一格的独龙族特色文化，打造极具独龙族文化特色的旅游产品，形成文化龙头产业，提升旅游市场核心吸引力，传承独龙族文化，发展成为独龙族文化经济支撑点。二是做好物质文化

迪政当村村民发展的露营帐篷住宿（宋林武 摄）

的保护。针对独龙族特有的手工工艺制品、民居建筑、交通工具和农耕工具等，适当地采取保留和保护措施。三是注重独龙族非物质文化的保护。在独龙族经济意识提升、经济主体转型过程中，认清传统文化的变迁与经济发展相对滞后的现实，加大对包括独龙族习俗、饮食、歌舞、工艺等的保护力度，通过后期的继承、发展等多种途径，对有价值的独龙族非物质文化进行保护。通过产业扶持、资金引导，吸引社会资本和村民个体开发相关土特产品以及独龙族工艺品、民族首饰、民族服饰等旅游商品，推动文化、旅游全产业链深度融合。

创新发展乡村休闲游，做优旅游新业态。持续强化森林资源管护，夯实"绿水青山就是金山银山"的生态基础。以美丽风光为主线，依托独龙江特色产业，拓展"文旅+观光""文旅+康养""文旅+体验"旅游新业态，打造以古村古树、特色种植养殖基地、探险徒步、传统物种资源保护示范点、美丽雪山为主的乡村旅游大环线，开展传统物种资源保护培训、高山草甸露营等活动，让游客既能观赏自然风光，又能体验丰富多彩的乡村生活。

大力推进旅游基础设施建设，建设完成一级、二级、三级游客中心，尽快建设跨江大桥，尤其是斯拉洛河桥、白来桥，加速完成独龙江公路和马迪公路沿途观景台建设，做好克劳洛、南代、普卡旺旅游特色村和旅游传统村落建设，用好各类帮扶资金和旅游专项债，逐步将独龙江乡打造成为养心旅游首选地。保护好传统村落原貌和特色，对村里的古迹、古树和传统建筑等历史文化景观进行修缮和维护，配套建设与传统村落相符的、发展乡村旅游所需的基础设施和服务设施。围绕传统村落生产生活工具、民族服饰、手工艺品，加大传统文化保护传承；围绕活态展示民风民俗，加强文化记忆传承，鼓励村民穿戴民族服饰、使用民族语言；围绕民族传统节庆，开展乡村文化活动，传承优良的传统观念、民风民俗和生产生活技艺。

结合独龙江乡旅游基础设施建设和配套服务设施提升行动，推动并实施独龙江乡旅游上云计划，通过抖音和"一部手机游云南"的宣传，拓展独龙江乡民俗旅游的影响力。支持各个自然村和村民通过成立旅游协会，在严格遵循国土空间用地需求的前提下，配合民族乡村生态休闲旅游业的打造，加快乡

普卡旺秘境酒店统一承租经营的普卡旺村26户农户的民宿（宋林武 摄）

愁领地、庄园经济项目建设力度，引导或鼓励村民通过建造民宿、开办农家乐的方式积极参与乡村旅游发展。加快旅游服务能力提升，以乡村旅游人才培训为重点，开展酒店管理、农家乐经营、旅游向导、礼仪接待、特色餐饮培训及景区服务管理等培训。

（三）健全产业发展支撑体系

加强产业组织化建设。培育壮大农民专业合作社、家庭农场、种养大户、新型职业农民等新型经营主体，给予政策支持与优惠，鼓励外出务工人员返乡创业，发展现代农业。提升农民专业合作社发展水平和组织化程度，在时机和条件允许的基础上，建立股份合作机制，促进资源变股权、资金变股金、农民变股东，发展壮大村级集体经济，鼓励新型农业经营主体带动小农户开展专业化、标准化生产，推进适度规模经营。推动县、乡和村级加工企业、合作社与农户建立紧密的利益联结机制，打造风险共担、利益共享的产业联合体，保障农户利益。

加快市场流通体系建设。发挥市场资源配置作用，激发市场主体活力，完善市场营销体系，实施"数商兴农"工程，推进电子商务进村，促进农特产品直播带货规范健康发展，逐步建立电商平台、农特产品实体店于一体的农产品营销网络体系。鼓励供销、邮政、快递在农村地区经营布局，打通农产品

孔当村腊配新村村民编织旅游商品——独龙毯（宋林武　摄）

生态蔬菜种植（宋林武　摄）

流通"最后一公里"。借力沪滇协作，深化消费帮扶，实现独龙江农特产品与上海流通企业、电商、批发市场、超市精准对接，推进产、加、销一体化发展。

大力实施品牌发展战略。加快推进"三品一标"（无公害农产品、绿色食品、有机农产品，农产品地理标志）产地认定和产品认证，支持经营主体开展标准化认证，全面推进贯标工作。打响独龙江乡以草果、灵芝等中药材、特色蔬菜、特色水果为主的绿色食品牌，凸显传统文化与习俗，扩大独龙江乡旅游影响力。

三、补齐短板,持续推进

农村基础设施建设,是实施乡村振兴的重要一环。党的十八大以来,在习近平总书记的亲自关怀下,在上级党委、政府的坚强领导下,独龙江乡全面打赢了脱贫攻坚战,与全国全省同步全面建成小康社会,顺利开启全面建设社会主义现代化国家新征程,当地基础设施发生历史性改变。自2014年独龙江乡隧道贯通以来,结束了独龙江乡千百年来每年有大半年时间大雪封山的历史,全乡基础设施得到全面改善,6个行政村、28个安置点已全部实现通车、通电、通电话、通网络宽带、通广播电视、通安全饮水,并成为全省第一个村村通4G网络的乡镇。做好巩固拓展脱贫攻坚成果同乡村振兴有效衔接,独龙江乡农村基础设施建设进程不断加快,农村人居环境得到很大改善,但农村基础设施和公共服务体系还不健全,仍存在一些短板和薄弱环节,总体基础设施建设比较滞后,社会事业发展不协调,改善民生的任务还很艰巨,与人民日益增长的美好生活需要还有一定差距。进入新发展阶段,扎实稳步推进乡村建设,要顺应人民群众对美好生活的向往,以普惠性、基础性、兜底性民生建设为重点,强化规划引领,统筹资源要素,动员各方力量,加强农村基础设施和公共服务体系建设,持续推动农村公共基础设施向村覆盖、向户延伸取得积极进展,农村基本公共服务水平稳步提升,农民获得感、幸福感、安全感进一步增强。

（一）完善基础设施建设

强化乡村规划建设管理。统筹优化农业、生态、城镇空间和基础设施、公共资源布局，严格保护农业生产空间和乡村生态空间，坚守耕地保有量和永久基本农田保护目标红线。立足现有村庄基础，按照可用、管用、实用的原则，加快实现村庄规划应编尽编，尽可能保持村庄原有形态，保留乡村特色风貌和田园风光，不搞大拆大建，构建"多规合一"实用性村庄规划编审体系。发挥村庄规划指导约束作用，确保各项建设依规有序开展，通过政府组织主导、村民发挥主体作用、专业人员开展技术指导的村庄规划编制机制，共建共治共享美好家园。

公路改造升级（罗金合 摄）

党员干部到一线(余金成 供图)

持续推进农村公路巩固提升建设。紧紧抓住大滇西旅游环线建设契机,加快马迪公路南段升级改造,有序推进乡村公路建设、窄路基路面加宽改造,推动农村公路更多向进村入户倾斜。开展农村公路建设质量抽查,加强农村公路运行质量监测,全面实施农村公路县、乡、村三级"路长制",加强路产路权保护,强化农村公路与干线公路以及其他运输方式的衔接,不断提升农村客运通达广度深度,有序推进城乡公交线路向农村延伸和农村客运班线公交化改造。加快推进以县级物流中心为核心、乡镇运输服务站为支撑的公用型、共配型农村物流节点体系建设，推进"四好农村路"与现代农业、乡村旅游等产业融合发展，推进乡村产业路、旅游路、资源路和村内主干道建设，加强通村公路和村内道路连接，畅通乡村经济发展"毛细血管"。

强化农村防汛抗旱和供水保障。加强防汛抗旱基础设施建设，加快实施病险水库除险加固，加强河流治理和山洪灾害防治建设。加快推进农村供水工程建设改造，推进规模化供水工程建设，选择水量充沛、优质的水源，综合考虑管理、制水成本等因素，合理确定供水范围，注重中小水源工程建设，持续提升供水保障水平。更新改造老旧供水管网和设施，辅以应急供水措施，解决季节性缺水问题，提高供水保证率。运用先进实用的水处理工艺与消毒技术、自动化控制与现代信息技术等，提升工程建设水平，稳步推进农村饮水安全向农村供水保障转变，强化水源保护和水质保障，配套完善供水工程净化消毒设施设备，持续加大垃圾处理厂、行政村及安置点"一水两污"建设力度，健全水质检测监测体系，解决农村供水"卡脖子"和"最后一公里"问题，巩固拓展农村供水成果。实施乡村清洁能源建设工程，巩固提升农村电力保障水平，提高供电保障能力，深入推广太阳能路灯及照明的使用，着力建设发展多能互补的分布式低碳综合能源网络。

加快农产品仓储保鲜冷链物流设施建设。聚焦农产品"最先一公里"冷链服务需求，依托家庭农场、农民合作社等农业经营主体，发展产地冷藏保鲜，建设通风贮藏库、机械冷库、气调贮藏库、预冷及配套设施设备等农产品冷藏保鲜设施，推进鲜活农产品低温处理和产后减损。加快推进"快递进村"工程，健全以县城快递物流集散中心、乡（镇）快递物流服务站、村快递物流服务点为支撑的三级物流配送体系。着力构建县有连锁商超和快递物流公共配送中心、乡（镇）有商贸中心和物流配送站、村有连锁便利店并通快递的"一点多能、一网多用"的农村运输服务发展模式，提高农村物流配送效率。

实施数字乡村建设发展工程。推进通信网络5G全覆盖建设，启动集镇"三线"（农村电力线、通信线、广播电视线）入地建设逐步延伸至各村委会主干道沿线。探索建立农业农村大数据体系，推进重要农产品全产业链大数据建设。积极发展智慧农业，开展数字农业示范基地建设，深入实施"互联

5G网络助力销售（潘锦秀　摄）

网+"农产品出村进城工程和"数商兴农"行动,构建智慧农业气象平台。通过数字技术赋能乡村管理服务,推广"互联网+政务服务"延伸覆盖,推进涉农事项在线办理,推进农村集体经济、集体资产、农村产权流转交易数字化管理,建立完善灾害监测预警信息共享,深化乡村地名信息服务提升行动。推进乡村网络文化阵地建设和乡村优秀文化资源数字化。

(二)提升公共服务水平

紧紧围绕群众最关心、最直接、最现实的民生问题,着力办好民生实事,加快补齐教育、医疗、养老、社保、住房等领域的薄弱短板,全力保障和改善民生,不断增强人民群众的获得感、幸福感、安全感。

提升村级综合服务设施。持续提高村级综合服务设施覆盖率,全面推行"一窗受理"和"一站办理",推动公共教育、劳动就业、社会保险、医疗卫生、养老服务、社会服务、户籍管理等领域内群众经常办理且基层能有效承接的政务服务事项,以委托受理、授权办理、帮办代办等方式下沉至便民服务中心(站)办理,实现政务代办服务村(社区)全覆盖。加强农村全民健身场地设施建设,立足从农民的身边事做起,推进优质公共服务资源下沉,让百姓从加强农村体育公共服务建设中受益,使农村体育公共服务更便利、农民生活更有奔头。针对农村儿童、妇女、老人人数较多的实际,考虑到不同群体的兴趣和需要,细化乡村公共体育活动供给,方便村民就近就便参与体育锻炼。整合文化惠民活动资源,支持农民自发组织开展村歌、"村晚"、广场舞、趣味运动会等体现农耕农趣农味的文化体育活动。扶持乡村农趣农味运动项目,积极培育农村体育组织,大力发展群众性体育活动,提高体育场地设施利用

新时代文明实践人居环境提升行动（潘锦秀 摄）

率，丰富村民公共生活，培育乡村的公共精神。推进公共照明设施与村内道路、公共场所一体规划建设，加强行政村村内主干道路灯建设。加快建设完善基层应急广播体系。因地制宜建设农村应急避难场所，开展农村公共服务设施无障碍建设和改造，加强农村消防安全设施建设。

提升农村基本公共服务水平。充分依托县城的优势，发挥县城联接城市、服务乡村的作用，推进县城公共服务向乡村延伸覆盖，提高农村居民享受公共服务的可及性、便利性。

走访慰问(独龙江乡政府 供图)

加大对独龙江乡中心学校及全乡教学点的建设和投入力度，不断改善提升教育薄弱环节，推动义务教育优质均衡发展，推进实施义务教育教师县管校聘和基础教育学校校长职级制改革，加强教师队伍建设，提升教师教书育人能力素质，建立健全县域内城乡学校共同建设机制，完善"优质学校+薄弱学校""优质学校+新建学校"帮扶机制。完善控辍保学常态化工作机制，推动控辍保学从动态清零转向常态清零，多渠道增加农村普惠性学前教育资源供给，不断提升"互联网+教育"能力和水平，共享优质教育资源，办好人民满意的教育。把稳就业摆在首位，大力发展涉农职业教育，全力推进和加大就业技能培训，不断提升农民科学文化素质和职业技术能力，提升劳动力就业组织化，组织发动农村劳动力到上海、珠海等省外地区或就近就地务工。巩固完善基层卫生服务体系，持续加大独龙江乡卫生院的建设和投入力度，积极开展乡（镇）卫生院和社区卫生服务中心等级评审，加强合格医务人员配备，保障乡（镇）、村两级医疗卫生服务全覆盖，积极推进乡（镇）卫生院发热哨点诊室和村（居）民委员会公共卫生委员会建设。落实乡村医生待遇，保障合理收入，完善培养使用、养老保障等政策。发挥基本医保、大病保险、医疗救助制度综合保障作用，提升农村地区医保经办管理服务能力。通过"村级主办、互助服务、群众参与、政府支持"的方式，依托行政村、较大自然村按标准建设互助型养老服务设施。完善农村养老助残和未成年人保护服务设施。鼓励开展农村重度残疾人托养照护服务，加强对孤寡老人、困难儿童、重病重残人员等弱势群体的关爱帮扶。持续推进殡葬领域改革，把殡葬移风易俗纳入精神文明建设和美丽乡村建设内容，加大工作推进力度，建成行政村公墓，做好乡村公益性殡葬服务设施建设和管理，开展县乡村公共服务一体化示范建设。

（三）持续推进美丽乡村建设

践行习近平生态文明思想，牢固树立"绿水青山就是金山银山"的理念，始终坚持保护第一，坚定不移走生态优先、绿色发展的高质量发展之路。深化高黎贡山生态保护，切实增强做好高黎贡山生物生态安全风险防范和保护的责任感、紧迫感、使命感，持续推进蓝天、碧水、净土污染防治和综合治理，严守生态保护红线，落实河（湖）长制，推动河（湖）长"有名""有实""有能"，全面推行林长制，加强自然保护区、天然林资源保护。落实最严格的耕地保护制度，坚守耕地和永久基本农田保护红线，深入推进农村乱占耕地建房问题专项整治工作。坚持底线思维，牢牢守住国家西南边陲生物生态安全第一道屏障。

独龙江支流（罗金合 摄）

培养文明健康生活方式,坚持富口袋更要富脑袋。针对老百姓长久以来养成的不良习惯,注重从洗衣、叠被等小事做起,通过绵绵用力、久久为功,引导独龙族群众逐步改变不良习惯,提升素质,培育新风。

完善生态保护管理机制。建立完善生态管制制度,加强重要生态功能区和生态系统管理,维护生态安全,严格落实《中华人民共和国环境保护法》,强化环境执法监管。逐步完善农村环保工作长效机制,继续采取集中整治、长期保洁等切实可行的措施,抓好农村环境综合整治,彻底改变农村"脏乱差"状况。整合国家生态主体功能区转移支付和生态补偿等资金,全面开展乡、村(组)河流、公路沿线环境综合整治。

深入实施农村人居环境整治提升五年行动。持续推进爱国卫生"7个专项行动",以"大片区、小网格"为抓手,形成党员干部带头、群众共同参与的齐抓共管模式。进一步消除

美丽庭院(潘锦秀 摄)

裸露垃圾、完善洗手配套设施、管好集贸市场、常态化清洁消毒，城乡人居环境明显改观。全力申报"美丽乡村示范村"称号，加快推进6个行政村农副产品交易市场和安居房试点改造项目建设服务。全面清理私搭乱建、乱堆乱放，整治残垣断壁，加大农村户外广告整治力度，深入开展实施"绿美乡村"三年行动，着力营造户户是最美庭院、村村是特色村寨的美丽乡村景象。

涵养乡村振兴的生态之源

独龙江乡努力践行习近平生态文明思想，牢固树立"绿水青山就是金山银山"的理念，始终坚持保护第一，坚定不移走生态优先、绿色发展的高质量发展之路，牢记优美的环境是幸福生活的起点。广大干部群众普遍意识到，保护好生物生态安全，改善人居环境，提升村容村貌，建设秀美宜居的独龙江，是实现乡村振兴的重要前提，也是提升独龙江乡产业品质、丰富产业内容、争做生态绿色发展排头兵的主要支撑。全乡正在开展生态环境修复、村庄环境综合整治、古村落修缮、生产空间净化"四大工程"，建设"生态宜居村庄美、村容整洁环境美、绿色生产生活美、村风文明和谐美"的"四美"独龙江。

一、注重产业绿色转型

立足现有基础，依托优美田园风光，顺应生产生活的实际需求，满足独龙江乡特色农业发展的需求，因地制宜，实事求是，充分发挥农民主体作用，以科技创新赋能绿色发展，将科学技术深度引入农林牧渔业生产，通过派遣科技人才进行种植养殖、废弃物生态化处理等培训指导，推进实现农业现代化。

推进以草果、中药材种植为主的高原特色农业绿色发展，实现投入品减量化、生产清洁化、废弃物资源化、产业模式生态化，走出一条产出高效、产品安全、资源节约、环境友好的可持续发展道路。一是推进草果和中药材基地的连片化建设，制定符合行业需求的绿色种植准则，规范村内分散种植农户的投入品管理，实行统一收购和采收后加工。二是尽量实现全乡农业投入品的规范化管理和统一供应。逐步实现草果、中药材产业的农业投入品（化肥农药）的统一供应，制定规范化的施用规则、"禁用"清单、"进入期"管理。三是强化日常病虫害预防监控和农业投入品施用监控，推广提倡绿色防控，推广农药减量增效技术。四是加大农业测土配方施肥覆盖面，推动建设水肥一体化、氮肥深施等高效施肥技术示范地块，不断提高肥料利用率。五是因地制宜开展坡改梯工程和连片示范基地建设，改进产业种植方式，加强滴灌、喷灌示范田建设和农艺、农机、生物、管理等措施的集成与融合。六是强化对农业农村废弃物资源化利用，针对农业生产中的秸秆等废弃物，帮

龙元村群众喜收羊肚菌（独龙江乡政府　供图）

助农民、科技示范户、种植大户提高科技意识，探索农业农村废弃物资源化利用项目，尝试打造农业农村废弃物资源化利用的示范样板、田间学校，推进农业废弃物和农林产品加工剩余物资源化利用。

推动以独龙牛、高黎贡山猪和冷水鱼为主的畜牧养殖业绿色发展，更加重视通过技术手段提升畜产品品质，注重畜牧业集约化发展，通过绿色可持续的生产方式弥补规模短板。一是结合新农村建设统一划定家畜养殖地，开展农业废弃物资源化利用。以畜禽粪污、病死畜禽、农作物秸秆、废旧农膜、农药包装废弃物、农产品副产物及加工副产物等废弃物为重点，建

架大棚（宋林武 摄）

立分类收集、统一转运、无害化处理、还田应用的管理机制。二是实施种养业循环一体化工程,加快规模化畜禽养殖场区粪污处理设施建设与标准化改造,推动屋顶太阳能光伏、中型沼气建设与畜禽养殖场一体化建设,逐步实现畜禽粪便污水分户收集、集中处理利用。

做好农业生产资源节约集约利用和污染防治,实现农业生产绿色化。一是严格实行生产用水总量监测,强化用水过程管理,针对规模种植开展农业节水综合示范,推进灌溉用水定额监管,提高农民的节水意识,普及节约高效的农业用水知识,稳步推进农村生活节水。二是开展农业面源污染综合治理,实施化肥农药零增长行动,集成推广高效施肥技术和农药防控技术,提高防治科学化水平。三是推进废旧农膜和包装废弃物等回收处理,开展农膜使用全回收、降低土壤残留等试点,探索建立农膜生产者责任延伸制度。四是加快培育发展特色产业,在现有产业基础上,加快培育乡愁领地、庄园经济等新产业新业态,为独龙江乡绿色发展增添新的活力。

二、抓实村庄环境整治

以农村垃圾处理、生活污水治理、卫生厕所建设、洁净民居环境创建为重点,有序推进农村人居环境突出问题治理和监管能力建设,持续推进农村生产生活方式清洁化,全面提升农村人居环境质量。

以村为单位推进农村生活垃圾清运治理工作全覆盖。建立健全农村生活垃圾收集清运处置管理制度,将农村生活垃圾管理纳入村规民约的管理范围。在村委会一级实行"户集、村

驻村帮扶工作队打扫卫生（宋林武　摄）

收、镇运、县处理"的一体化常态化保洁制度，鼓励配备专职环卫管理人员，在行政村建立和完善保洁员、清运员、监督员"三员"队伍。尝试推行"因地制宜、分类收集、村民自治、市场运作"的农村生活垃圾治理机制。开展垃圾分类和资源化回收培训，推行适合农村特点的垃圾就地分类和资源化利用方式，开展农村生活垃圾分类和资源化利用试点示范。开展非正规垃圾堆放点排查整治，推广压缩式、封闭式收运方式，提高村庄垃圾集中收集点和转运设施的卫生水平。

持续推进农村生活污水收集与处理。采用集中与分散相结合的污水收集与处理方式，修建生活污水处理站。尤其是人口较多的村组，鼓励有条件的农户率先安装户用分散性污染处理设施和户用污水收集与处理设施。通过政府扶持，在村民较多的村组安装集中污水收集与处理设施。

绿化美化村庄道路（潘锦秀 摄）

开展卫生无害化厕所建设行动。按照群众接受、经济适用、维护方便、不污染公共水体的要求，在村民聚集地和主要居住区附近建设公共卫生厕所。重点开展农村户用卫生厕所建设和旱厕改造，消除农村无厕户现象。实施粪污治理，推进农村厕所粪污无害化处理和资源化利用。

实施村庄绿化美化行动。加强整治与传统村落不相符的乱搭乱建、脏乱差等问题。绿化美化村庄道路及房屋庭院，引导和鼓励村民在房屋周边利用空地，进行"五小"空间改造。庭院形成开敞或半开敞空间，栽种本土花草树木。完善村庄内部指示标识体系，增加垃圾桶。结合活动广场设置公共绿地并配置植物，打造乡村景观。建设小菜园、小果园、小花园，以乡土元素美化村庄环境。

打造村内风景旅游设施。梳理村庄周边及村内旅游资源，通过完善村内基础设施，对与传统风貌不相协调的民居立面、色彩进行整治或更新。丰富休闲体验型业态产业建设（休闲观光、农耕体验、文化创意、健康养老、节庆采摘、科普教育），串联区域旅游路线，完善旅游设施（停车场、导览牌、公厕）建设，提升运营水平（导入营销资源，提升村庄知名度），培育乡村新的经济增长点。

三、加强生态修复和环境保护

深化高黎贡山生态保护，切实增强做好高黎贡山生物生态安全风险防范和保护的责任感、紧迫感、使命感，持续推进蓝天、碧水、净土污染防治和综合治理，严守生态保护红线，落实河（湖）长制，推动河（湖）长"有名""有实""有能"，全面推行林长制，加强自然保护区、天然林资源保护。落实最严格的耕地保护制度，坚守耕地和永久基本农田保护红线，深入推进农村乱占耕地建房问题专项整治工作。坚持底线思维，牢牢守住国家西南边陲生物生态安全第一道屏障。

加强生态修复与环境保护。把山水林田湖草作为一个生命共同体，摸清家底、系统规划，统一保护、统一修复，大力实施乡村生态保护与修复，完善重要生态系统保护，促进乡村环境逐步改善，自然生态系统功能和稳定性全面提升。

强化资源保护与节约利用。严格控制未利用地开垦，落实

高黎贡山神田秋景（潘锦秀 摄）

独龙江(宋林武 摄)

积极参加乡村建设（宋林武　摄）

和完善耕地占补平衡制度，全面推进占用耕地耕作层土壤剥离再利用。在保证粮食安全和不影响农民收入的前提下，降低耕地开发利用强度，扩大轮作休耕试点。

实施生态修复，开展绿美独龙江建设。继续推进天然林资源保护工程，加强对原有林区的补种补植，开展生态屏障、水源保护、土壤改良、森林碳汇等特种用途造林。

建设村级水治理体系。加强对行政村内河道、水体的保护，把水体的保护和管理作为村级生态保护的日常工作。落实定期、汛期的巡河制度，深入开展巡护和清河、护岸、净水、保水行动,推进河湖面貌和水生态环境整体改善。实施清洁河道行动,推进小流域生态治理。加强饮用水水源保护,推进集中式饮用水水源地保护区建设。确保"三无"(污水无直排、水面无漂浮物、岸边无垃圾)治理常态化,力保日常管护见实效、村民满意度提高。

高效善治独龙江

党的十八大以来，独龙江乡各级党组织立足独龙江乡"边、山、少、贫"的实际，紧紧围绕党建工作"围绕中心、服务大局"目标，以"直过民族"适应时代的发展、跨越发展以及党员干部特点和需求为抓手，以"强基固本、规范建设、创新载体"为手段，推进全乡基层党建统领各项事业发展。基层党组织的战斗堡垒作用发挥明显，党员干部精神面貌焕然一新，群众干事创业内生动力不断激发，党群干群关系更加密切，乡村社会治理成效明显，形成了"三个队两个一"马库经验、"每日一晒"孔当经验以及"一周三活动""党员干部保户""洗澡工程""每月一评比""一天一小时"等党建及社会治理先进典型和经验。进入新发展阶段，各种社会问题和矛盾交织的情况将在一定时期内长期存在，创新社会治理、维护社会稳定的任务依然艰巨。独龙江乡各级党组织要始终牢记习近平总书记"再接再厉、奋发图强，同心协力建设好家乡、守护好边疆，努力创造独龙族更加美好的明天"的殷切嘱托，不负使命，奋勇前行，不断完善治理体系、提升治理能力，着力构建共建共治共享的乡村社会治理新格局，营造和谐稳定法治社会新篇章，助推乡村振兴建设不断上新台阶。

独龙人民永远心向党（潘锦秀　摄）

一、永远心向党，守护好边疆

中华人民共和国成立后，在党和政府的关心下，独龙族从原始社会迈入社会主义社会，实现了第一次跨越发展。在习近平总书记的亲切关怀和党中央、国务院及省委、省政府的大力支持下，2010年，省委、省政府启动实施了"独龙江整乡推进、独龙族整族帮扶"三年行动计划和两年巩固提升计划，重点推进了安居温饱、基础设施、产业发展、社会事业、素质提高、生态环境保护与建设六大工程，彻底解决了千百年来困扰独龙族群众的吃、住、行难题，独龙族实现了第二次跨越发展。2014年，州委、州政府深入贯彻落实党中央决策部署，围绕"精准扶贫、不落一人"的总要求，开展精准扶贫工作，根据独龙江乡实际，启动了"率先脱贫、全面小康"八大提升行动，初步实现了独龙江乡基层党建大夯实、基础设施大改善、人居环境大改观、整体素质大提升、脱贫攻坚显成效、生态环境大保护、旅游秘境大显现的"七大变化"，精准扶贫、精准脱贫取得新成效，独龙族整族脱贫，实现了第三次跨越发展。2021年5月28日，州委、州政府在独龙江乡召开了"巩固成果、率先振兴"工作部署会，9月29日制定印发《贡山县独龙江乡乡村振兴示范乡镇建设规划（2021—2025年）》，重点实施"五大工程"和"四大项目"，提出率先全面推进乡村振兴，促进产业高质高效、乡村宜居宜业、农民富裕富足的发展目标，独龙族人民正沐浴着党的光辉，昂首阔步地迈步在开启第四次跨越发展的大道上。

独龙江乡、独龙族群众今天发生的巨大变化，是习近平总书记亲切关怀的结果，是党中央、国务院和各级党委、政府关心帮助的结果。没有中国共产党的正确领导，就没有独龙族群众今天的幸福生活。党的恩情比高黎贡山高，党的恩情比独龙江水长。要持续加大对独龙族干部群众的教育、宣传和引导，持续进行"自强、诚信、感恩"和"听党话、感党恩、跟党走"教育，户户悬挂"习近平总书记和怒江少数民族干部群众代表在一起"相框，户户升挂国旗，各村"每周一升国旗"等做法，始终牢记习近平总书记的殷殷嘱托，汇聚起干部群众的

边疆民众感党恩（潘锦秀 摄）

磅礴力度，牢固树立坚定不移跟党走的坚定信念，以不进即为退、慢进也是退的紧迫感，坚持高位谋划、项目支撑、率先实践，把独龙江乡建设成怒江州忠诚践行"两个维护"的政治高地、乡村率先振兴的典范。

要坚决扛稳强边固防政治责任，保证边境安宁稳定。始终胸怀"国之大者"，以"镇守边关、视死如归"的决心意志，强化党政军警民"五位一体"防控体系，严格落实好"五级段长制"，进一步细化实化网格化管理，加强出入境人员排查管控。持续开展打击整治跨境违法犯罪专项行动，坚持"人""物""技"同防的防控措施，强化落实"五个管住"，慎终如始落实"稳堵防管"防控措施，牢固构筑起边境防控"铜墙铁壁"，誓守独龙江一方净土。扎实做好"六稳"工作，持续扩大和稳定就业，千方百计保障群众基本生活。深入推进兴边富民行动和守边固边"百千万"工程，加快推进现代化边境小康村和独龙江乡边境特色旅游小镇规划建设。始终牢记习近平总书记的殷殷嘱托，以自强不息、奋斗不止的韧劲建设好家乡、守护好边疆。

二、持续夯实基层党组织

截至2021年，全乡共1142户4298人，有35个基层党组织、434名党员。

走好新时代乡村治理之路，要始终坚持党的领导，全面贯彻新时代党的建设总要求，弘扬伟大建党精神，坚定不移推进新时代党的建设伟大工程，以党的建设贯穿乡村治理全过程，不断提高党的执政能力和领导水平，勇于自我革命，从严管党治党，增强农村基层党组织的政治功能和组织力，完善党领导下的乡村治理格局，扎实提高乡村治理效能。

要抓实"国门党建"，突出农村、机关、企业、学校、"两新"组织等大领域党建，抓好基本队伍、基本阵地、基本活动、基本制度、基本保障等五个基本建设。发展壮大村级集体经济，夯实党在农村的执政基础。加强党员队伍教育管理，严把党员"入口关"、严格日常"管理关"、畅通党员"出口关"，提升党员队伍建设水平。深化落实"双报到双服务双报告"制度。持续开展抓党建促农村治理,积极探索"党建+社会治理",夯实党在边疆民族地区的执政基础,坚决建设好美丽家园、维护好民族团结、守护好神圣国土。紧扣主题实践教育活动,深入打造各村党建特色亮点,以党的组织建设助力乡村振兴,按一户一党员远景目标逐年做好发展党员工作。探索集体经济向村民小组党支部延伸,力争试点发展村民小组党支部集体经济项目,年收益平均达2万元。

加强乡村党组织政治建设,突出乡村党组织政治功能,全面贯彻落实党的政治建设的各项目标任务和要求,确保党始终成为乡村社会治理的坚强领导核心。坚持党对乡村振兴工作的全面领导,基层党组织领导班子成员特别是基层党组织书记要发扬自我革命精神,全面加强自身建设,强化政策学习与理论钻研,强化实践锻炼与专业训练,提高站位、深化认识、站稳立场,真正成为政治理论扎实、道德品质突出、实践经验丰富、推动发展务实的好党员、好干部。引导和带动基层党组织

党员参加"三会一课"(潘锦秀 摄)

严肃党内组织生活，严格执行"三会一课"等制度，巩固提升党支部规范化建设成果，打通全面从严治党"最后一公里"，切实增强基层党组织政治功能。

优化党组织设置，大力加强乡村"两委"班子建设，充分发挥党支部的桥梁纽带作用，选好基层党组织带头人，加强乡村支部书记和先进党员的头雁作用，注重选出政治素质硬、道德品质好、带富能力强、协调能力佳、为民办实事的基层党组织书记。同时要强化理论武装，增强思想引领力，广大基层党组织及党员应准确识变、科学应变、主动求变，坚持把理论武装摆在突出位置，以学促思、以学促干、以学促建，用群众喜闻乐见的方式，讲好党的乡村振兴故事，推动现代农业发展，大幅提高群众收入水平。

加强乡村党组织后备人才队伍建设，创新引才用才长效机制，精准对接需求，将致富能手、回乡创业人员、返乡大学生等群体中的优秀人才吸纳进党组织后备队伍，让广袤田野成为吸引人才的磁场和大有可为的天地。要在产业中发现人、在产业中培养人、在产业中用好人，打造一支用得上、留得住的高素质农民队伍，长期稳定扎根乡村，服务支撑农业农村现代化建设。审慎做好农村党员发展工作，全面加强基层党员教育、管理和监督，引导和帮助他们正确、积极、有效地发挥先锋模范作用，做到"一个党员就是一面旗帜"。强化流动党员管理，建立流动党员服务工作机制，通过其原党支部管理和所在地党支部管理相结合的办法，利用新媒体加强对流动党员的教育。充分调动一切积极因素，广泛凝聚各方智慧力量，实现干群齐心抓发展、解难题、强党建、保稳定，努力将乡村振兴美好蓝图变为现实。

老县长高德荣（左二）与驻村干部一起在党员脱贫示范户李老三（左一）家探讨独龙江乡未来产业发展的重点和思路（宋林武　摄）

　　践行为民宗旨，增强群众凝聚力。广大农村是深入践行为民服务宗旨的前沿和阵地，基层党组织和农村党员干部直接面向群众、联系群众、服务群众，应大力坚持实干为本、苦干为民，时刻与群众想在一起、干在一起。结合怒江州正在开展推进的作风革命、效能革命及"两学一做"学习教育，以身边榜样精神品格为坐标系，学习先进、对标先进，改进作风、服务群众。建立健全服务机制，搭建服务群众平台，打造综合服务平台，完善服务考评机制，提升乡村党组织服务群众能力，始终尊重人民主体地位，切实维护好、实现好、发展好群众的切身利益。

三、建设文明乡风、淳朴民风

过去，独龙族群众文化素质普遍偏低，旧观念旧习俗较盛行，与外界沟通交流严重不足，没有商品和文明生活意识。全面打赢脱贫攻坚战、如期全面建成小康社会以后，独龙族群众的生活习惯、思想观念、文化素质发生了跨越式改变，男女老少精神面貌焕然一新，睡懒觉、喝酒的少了，学文化、学技能的多了，自我发展能力得到了前所未有的提高。深入实施乡村振兴战略，要在乡村党建引领和乡村振兴战略带动下，厚植文明乡风，擘画增强凝聚力的精神家园，凝聚大家力量，形成自觉和开放包容的氛围。

加强农村思想道德建设。以社会主义核心价值观为引领，坚持教育引导、实践养成、制度保障"三管齐下"，采取适合农村特点的有效方式，深化中国特色社会主义和中国梦宣传教育，大力弘扬民族精神和时代精神。加强爱国主义、集体主义、社会主义教育，深化民族团结进步教育，加强农村思想文化阵地建设。深入实施公民道德建设工程，挖掘农村传统道德教育资源，推进社会公德、职业道德、家庭美德、个人品德建设。推进诚信建设，强化当地民众的社会责任意识、规则意识、集体意识、主人翁意识。

传承创新发展农村优秀传统文化。立足乡村文明，吸取城市文明及外来文化优秀成果，在传承保护的基础上，创造性转化、创新性发展，不断赋予时代内涵、丰富表现形式。切实保护好优秀农耕文化遗产，推动优秀农耕文化遗产合理适度利用。深入挖掘农耕文化蕴含的优秀思想观念、人文精神、道德规范，充分发挥其在凝聚人心、教化群众、淳化民风中的重要作用。划定乡村建设的历史文化保护线，保护好文物古迹、传统村落、民族村寨、传统建筑、农业遗迹，做好民族文化、民间文化等传承发展。深入扎实推进农村文化阵地建设，用好用活农家书屋、村民小组活动室等活动场所，传承独龙江本土民间文化，留住乡村文脉。

开展移风易俗行动。广泛开展文明村镇、星级文明户、文明家庭等群众性精神文明创建活动。遏制大操大办、厚葬薄养、人情攀比等陈规陋习。加强无神论宣传教育，丰富人民群众精神文化生活，抵制封建迷信活动。深化农村殡葬改革。加强农村科普工作，提高农民科学文化素养。

织就美好生活（潘锦秀　摄）

非物质文化遗产代表性传承人肯玉珍（前）边织独龙毯边教年轻人唱歌（宋林武 摄）

四、建设治理有效的边疆社会治理体系

没有乡村治理的现代化，就没有国家治理体系和治理能力的现代化。乡村治理是乡村振兴的关键环节，关系到农民的幸福感、安全感，关系到农村社会稳定。要深入贯彻总体国家安全观，树牢底线思维，统筹好发展与安全，做到两手抓、两手硬。广泛开展国家安全、全民国防、边防教育和爱国主义教育，进一步增强干部群众的国家、国土、国防意识和法治意识，筑牢边境安全的思想根基。巩固和发展党政军警民联控联防机制，时刻守护边境和谐安宁。加大矛盾纠纷的排查化解力

抢送物资（潘锦秀　摄）

度，深化网格化服务管理，坚持和发展新时代"枫桥经验"，积极畅通信访渠道，依法及时妥善解决群众合理诉求，高效处置各类突发事件。依法管理宗教事务，促进民族团结、宗教和顺。加强外事统筹协调和管理服务工作，依法监管境外非政府组织，坚决防范渗透破坏活动。实施"八五"普法工作，常态化开展扫黑除恶斗争，深入持久开展禁毒防艾人民战争，落实好平安建设长效机制，有效防范化解各类风险隐患，确保人民群众安居乐业、社会安定有序。认真贯彻落实习近平总书记关于加强和改进民族工作的重要思想，持续推进铸牢中华民族共同体意识建设行动，全面深化全国民族团结进步示范镇创建工作，促进各民族交往、交流、交融。积极开展国防教育和"双拥"活动，实现独龙江乡各民族团结友爱、睦邻友好，确保边疆和谐稳定。

要以自治增活力，从健全完善村民自治的有效实现形式入手，进一步健全农村基层民主选举、民主决策、民主管理、民主监督机制。村民自治一个重要的目标就是实现村民的自我管理、自我教育、自我监督，提高农民主动参与村庄公共事务的积极性，让农民自己"说事、议事、主事"，农民的事让农民商量着办，凸显农民在乡村治理中的主体地位。以法治强保障，乡村有效治理，法治是前提、法治是基础、法治是保障。全面依法治国，把政府各项涉农工作纳入法治化轨道，加强农村法治宣传教育，完善农村法律服务，引导干部群众尊法、学法、守法、用法，依法表达诉求、解决纠纷、维护权益，建设法治乡村。以德治扬正气，通过制订村规民约、村民道德公约等行为规范，弘扬中华优秀传统文化，教育引导村民爱党爱国、向上向善、孝老爱亲、重义守信、勤俭持家，增强乡村发展的软实力。

  建立健全党委领导、政府负责、社会协同、公众参与、法治保障的现代乡村社会治理体系，建设人人有责、人人尽责、人人享有的社会治理共同体，共建平安乡村。建立健全安全生产责任制，牢固树立"安全第一，预防为主，综合治理"的指导思想，切实抓好属地领域安全生产监管工作，严格落实"党政同责、一岗双责"制度，进一步提高认识，增强紧迫感、责任感，鼓足信心，加强领导，切实完成全年各项安全生产工作目标任务。巩固和拓展扫黑除恶专项斗争成果，维护基层群众合法权益，依法加大对农村邪教和非法宗教的打击力度，加快少数民族事业发展，深入贯彻落实宪法、民法典等法律法规，继续保持社会和谐稳定的良好局面。慎终如始抓好常态化防控，健全完善防控机制，秉承"镇守边关、视死如归"的决心意志，强化边境管控，压实"五个管住"责任，抓好重点人群、重点场所、重点环节防控，严厉打击组织、运送、帮助他人偷越国（边）境行为。抓实"十户联防"网格化管理工作，强化重点货物检测工作。强化冷链产品全链条管控，做好疫苗推广接种工作和一线执勤人员的关心关爱工作。

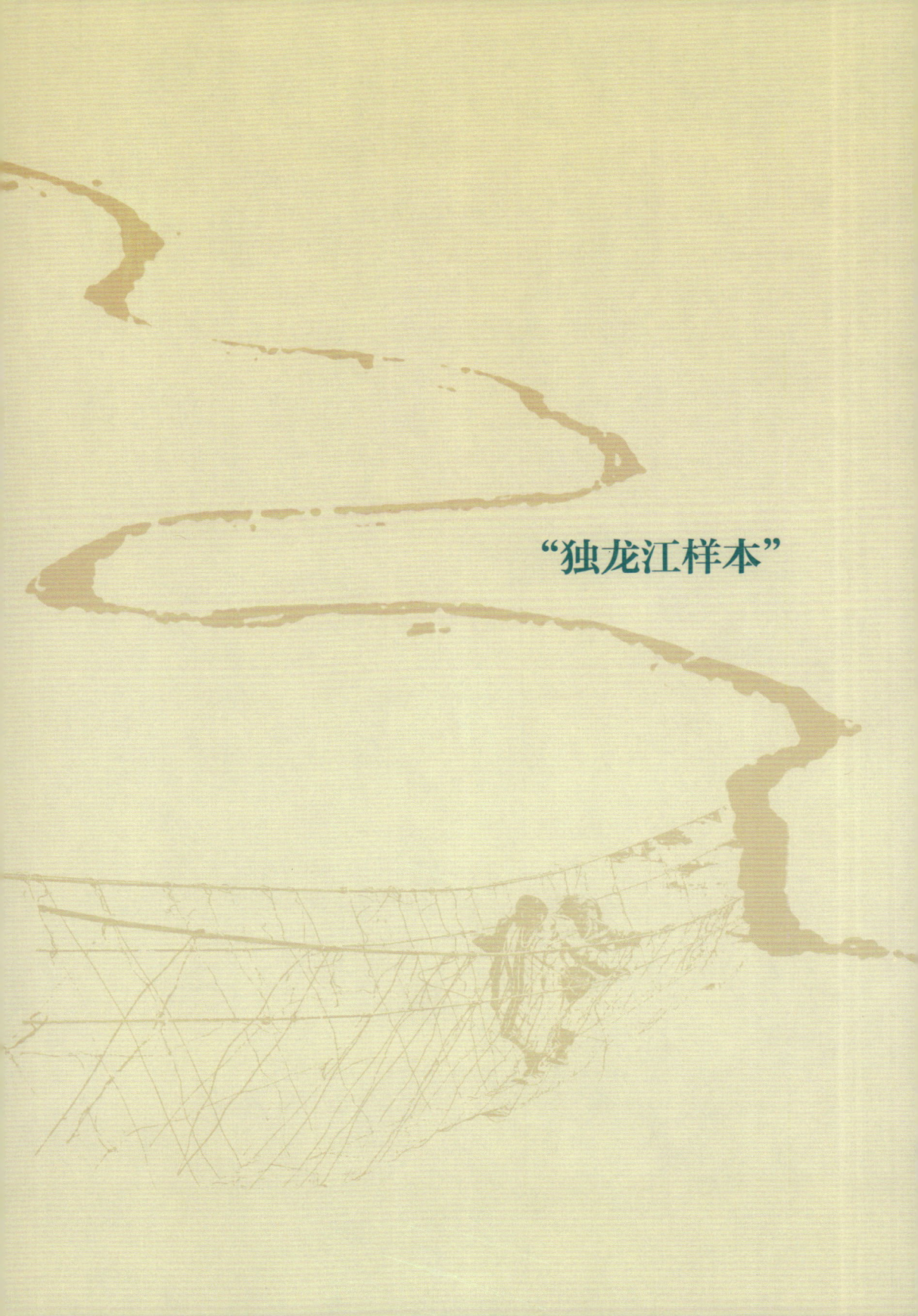

"独龙江样本"

一、独龙江乡创新工作典型案例

（一）脱贫攻坚"党员、干部包户责任制"案例

1. 产生背景

自开展精准扶贫工作以来，独龙江乡党委始终坚持党建、扶贫"双推进"的工作思路，让基层党组织充分发挥战斗堡垒作用，让党员在脱贫攻坚一线中积极发挥作用，从而认识自我价值和实现自我价值，成为群众中的"一面旗"。

2019年10月20日，巴坡村党总支书记王世荣感于身边的巨大变化、感于帮扶干部的真情付出、感于习近平总书记和党中央对独龙江的特殊关怀，萌生了"管理到户，教育到人"的想法，提出在脱贫攻坚一线，不仅要依靠挂联单位和帮扶责任人，更多的应该是村组干部、公益性岗位和党员要参与到脱贫攻坚的工作中，发挥应有的作用。11月，巴坡村以拉王朵小组为示范点，开始推动村干部、驻村工作队包户责任制度。

2020年疫情防控期间，孔当村腊配小组党支部在微信群里主动请缨，安排了10名党员参与疫情防控工作。孔当村鲁腊小组党员鲁金，在宣传疫情防控工作时，主动向村委会要任务，要求分10户农户，让他去管理、去宣传。

2020年2月24日，乡党委根据各村组的做法，在州委工作

组和县各挂联单位的指导下，班子成员下沉村组调研，商议通过了党员干部"十大包户"责任制，并下发了实施方案。

2. 主要做法

乡村党员干部包户，实现管理到户到人。离乡政府较近的孔当村委会，地处门面和窗口位置，部分村组群众内生动力不足，乡政府就包组4个组，每个组安排2名班子成员、1名职工负责包2户农户。其他村委会，按照要求，1名村干部包5—10户农户，具备条件的党员和公益性岗位人员包2—5户农户。

党员包户开展政策宣传（余金成　摄）

从人居环境入手，开展"十大包户"责任制。党员干部"十大包户"措施为：一是包人居环境。按照人居环境一档标准要求，包户责任人到所包农户家，引导教育督促农户开展人居环境工作。二是包政策宣讲。包户责任人在讲好党的各项政策的同时，要帮所包农户算好五笔账：基础设施投入账、产业发展帮扶账、惠民政策扶持账、党的特殊关怀账、个人收入明白账。三是包产业发展。包户责任人要积极帮助所包农户谋划产业发展，引导和督促农户管理好产业。四是包外出务工。包户责任人要积极参与群众外出务工的宣传，对有外出务工意愿的群众，第一时间上报村委会。对那些有务工条件而不愿意外出务工的群众，进行政策宣传和动员。五是包家风建设。引导所包农户学习社会主义核心价值观，引导教育群众白天不喝酒、晚上少喝酒。教育群众学会建设自己的家园，让他们知道玻璃破了自己买、窗子烂了自己修、房子不够自己建。六是包志智双扶。教育群众支持教育工作，督促父母跟踪管理好在上学的子女，防止学生辍学。督促村民参加周三"志智双扶讲习活动"。七是包意识形态。引导村民杜绝信邪教和谣言。八是包法治宣传。九是包乡村旅游。十是包诉求解决。

建立监督检查机制。乡党建办、人居办定期检查党员包户工作开展情况，对那些不按照方案和要求开展工作的，给予通报批评。

建立激励机制。一是将党员包户责任制同积分兑换制结合起来开展，通过积分兑换制激励群众参与的积极性。二是对工作表现好的党员予以奖励。

3. 取得成效

党员包户责任制，如同一场春雨，通过党员干部的示范带动,在默默感化着独龙江乡的每一位独龙族群众,使得群众的人居环境、精神面貌焕然一新;使得独龙江乡的每一个党员在脱贫攻坚的战场上冲锋陷阵,用党的初心滋润着自己的精神家园。

(1)通过党员包户责任制的推动,牵住了激活内生动力的"牛鼻子"。一是通过党员包户,实现了精细化网格化管理。二是解决了独龙江南北战线过长、群众内生动力不足引起的管理难度大的问题。三是破解了人居环境"脏乱差"难题。部分群众文明生活意识还未形成,通过党员包户制,天天督促,日日监督,这部分群众的个人卫生和家庭卫生都有了明显好转。

(2)通过党员包户责任制的推动,群众脱贫的动力和信心更加充足。通过党员致富带头人、村组干部和驻村工作队带头宣传人居环境、产业发展知识和自己的感受变化,增强了群众脱贫致富的信心和决心。

(3)通过党员包户责任制的推动,党员在群众中的影响力更加提升。在党员包户责任制的推动过程中,党员充分发挥带头干的作用,积极入户送温暖,帮助孤寡老人和残疾人装修房子、打扫卫生、管理草果,使得党员在群众中的影响力不断提升。

(4)通过党员包户责任制的推动,群众听党话、感党恩、跟党走的决心更加坚定。通过党员干部在一线同群众一起干、商量干、使劲干,群众对党员的认可度明显增强,对党和政府更加信任,形成了一切行动听党指挥和坚定不移跟党走的氛围。

4. 得到启示

（1）选好包户责任人是做好党员包户责任制的根本。优先选择村组干部、驻村工作队、党员致富带头人、有包户条件的党员、有包户条件的公益性岗位人员。

（2）培训好包户责任人是做好党员包户责任制的关键，决定着包户责任制的质量。要加大对包户责任人的各种培训。

（3）建立监督检查机制和激励机制是做好党员包户制的长久之计。通过产业扶持等方式鼓励包户责任人优先发展，同时结合积分兑换制，积极鼓励在工作中取得实效的群众。

（二）"三个队两个一"案例

1. 产生背景

2017年以来，在时任马库村驻村工作队队长龚婵娟和村"两委"的共同努力下，结合马库村打造"国门党建"，激发群众内生动力，发挥党员先锋模范作用，把党的政策传到一线，抓好"最后一公里"。

2. 主要做法

"三个队"：党员志愿服务队、护村队、文体队。党员志愿服务队在村党总支、村委会领导下，按群众需要，开展志愿服务、帮寡助困、做学校义工、抢险救灾、生产自救等工作；护村队负责村内日常巡边固边、治安巡逻，调解邻里纠纷、维护邻里和谐，排查地质灾害隐患等工作；文体队负责村内文化阵地建设，组织开展村内文体活动。

"两个一"：每天播放一次《新闻联播》及脱贫攻坚有关政策，每周一组织一次升国旗仪式并作国旗下的演讲。

2018年始，独龙江乡推行"三个队两个一"活动，依托"基层党建、脱贫攻坚、整体提升"现场推进会，在全乡上下

升国旗唱国歌（潘锦秀　摄）

掀起了向马库看齐、向示范户看齐、向文明生活迈进的热潮。

3. 取得成效

"三个队两个一"活动开展以来，围绕着政策宣传、服务发展、环境保洁、固边守边、安全生产、素质提升等服务内容，开展了多项解民忧聚民心的活动，提升了党员的服务意识，增强了党性，拓宽了基层党组织的活动内容和方式，增强了基层党组织的凝聚力和向心力。

（1）基层党建得到有效夯实。通过这一有效载体，持续深入推进基层党建工作。在党群活动室宣讲习近平新时代中国特色社会主义思想、党的十九大精神、脱贫攻坚等政策，让党群活动室成为党员培训中心、为民服务中心、党群议事中心，用好用活了党群活动室，切实发挥了党员的先锋模范作用。

（2）守边护边意识更强。通过开展一系列的巡边固边行动，党员群众爱国情怀更加浓厚，守边护边意识更强，邻里之间更加和睦。

（3）群众素质得到持续提升。通过这一有效载体，群众更加注重自我发展能力的提升。平时通过参加志愿服务、护村行动、文体活动，群众更加凝心聚力、热情开朗。通过积极参加普通话、厨艺、家政、竹编、农家乐经营、民宿、种植养殖等各类培训，群众内生动力不断增强。

4. 得到启示

（1）充分发挥基层党组织的战斗堡垒作用。只有引领广大党员发挥先锋模范带头作用，才能从根源上解决党员群众干劲不足的问题。通过深入开展"听党话、感党恩、跟党走"主题实践活动，把感恩教育贯穿工作始终，大力培养独龙族干部群众感党恩意识。

（2）持续推动"六村示范点"打造。围绕守土固边工作，创建马库村党总支"边疆党建（国门党建）"示范点；围绕优良革命传统，打造巴坡村党总支"红色记忆"党建示范点；围绕村级集体经济建设，打造孔当村党总支"四位一体"党建示范点；围绕群众素质提升，打造献九当村党总支"素质提升"党建示范点；围绕产业兴旺工作，打造龙元村党总支"产业发展"党建示范点；围绕传统民族文化，打造迪政当村党总支"文化传承"党建示范点。因地制宜，持续做好"六村示范点"的巩固、提升。

（3）要善于提炼总结有效经验、巩固成果。"三个队两个一"成功地将基层党建、脱贫攻坚、人居环境、素质提升、激发内生动力等工作有效融合，合体发力。独龙江乡以示范建设带动全乡脱贫攻坚，以党建特色品牌助力脱贫攻坚，这些有效经验，需继续提炼、总结、完善。在"组织起来"和"发挥作用"上下功夫，为脱贫攻坚和实施乡村振兴战略提供强大硬核动力。

（三）"五到一线"工作法案例

1. 产生背景

面对独龙江乡实际，如何下沉作战？如何下沉解决问题？如何在一线与群众打成一片？2018年9月3日，独龙江乡党委、政府制定并下发独龙江乡以"自立自强、文明感恩"十大工程百日攻坚"五到一线"为主要内容的实施方案。

2. 主要做法

（1）"五到一线"主体：以乡村干部、驻村工作队为开展工作主体，实行每人挂村包组，推行驻村解决群众诉求问题办结制度，要深入村组、深入群众家中，切实让全体党员干部下沉到一线。

（2）"五到一线"内容：到一线去思考，到一线去工作，到一线去服务，到一线去锻炼，在一线解决群众诉求。原则上乡挂联领导和干部每天至少要有一位同志在村组，挂联领导每周至少驻村一天研究推动工作，每星期要制订工作计划，每星期要形成工作总结。

3. 取得成效

"五到一线"工作法，犹如一剂强心剂，更加坚定干部职工履职尽责、为人民服务的决心，也使干群更加团结一心，一同建设美丽独龙江。

（1）干部职工作风明显改善。"五到一线"工作法解决了独龙江乡部分干部职工政治站位不高、精神不振、作风不硬、工作不实、能力不足、本领恐慌的问题，推动干部作风大转变、工作效率大提升，营造出"想干事、能干事、干成事"的良好氛围。

（2）干群关系更加和谐。通过干部职工下沉到一线同吃、同住、同劳动，在一线与群众密切交流，在一线倾听群众诉求，在一线为群众解决困难问题，树立了良好的形象，干群

驻迪政当村工作队和村干部入户调查（宋林武 摄）

关系更加融洽。

（3）切实在一线解决问题。该工作法聚焦工作目标，各工作组每周下村开展相关工作，做到有计划、有总结、有创新、有实效。提炼总结工作中的亮点、好经验、好方法，切实解决群众诉求，传帮带开展人居环境整治、产业发展、外出务工等各项工作，使之有效推进、有机融合。

4. 得到启示

（1）干部职工深入一线是关键。人员到一线，全力织牢织密工作网。干部职工提高政治站位，扎实下沉，推动各项工作往深里做、往细里做、往实里做，工作才会实。

（2）宣传动员群众是关键。下沉到一线，就是切实和群众交流，把开展工作的目的和意义向群众说清楚、讲明白，切实把全乡干部群众的思想和行动集中到统一行动上来。

（3）要教大家一起干，带着大家一起干。下沉到一线开展工作，说千百遍不如带起群众干一遍。要充分发掘致富带头人、党员、优秀青年感党恩、自立自强、脱贫致富的生动例子，以此来带动干部群众同心建设美好家园。

（四）"每日一晒"案例

1. 产生背景

为改变群众不良生活习惯，孔当村大学生村官余明花率先带领老百姓进行家庭内务整理，通过用微信相互分享内务整理情况及心得，效果喜人。经过与村"两委"和驻村工作队共同商议后，从2018年4月起，在全村范围内推出了家庭内务"每日一晒"活动。

2. 主要做法

（1）在党员中先行推广。在活动中，各支部党员率先示范,积极将自家干净、整洁的内务情况通过照片、小视频等方式,利用微信发送到全村的微信群中,由村"两委"和驻村工作队进行筛选,并打上"某组某户"的字样再次发送到微信群中进行宣传鼓励,同时给未晒出图片的家庭树立了标杆。假以时日,在全村范围内形成了家庭内务"比、学、赶、超"的良好氛围。

(2)进行评比和奖励。从思想上积极引导广大群众养成良好的家庭内务打理习惯,动员村民从叠被子、整理房间、打扫庭院、打扫村庄等小事做起,把整理后的图片分享至村组微信群,大家相互点评、交流心得。对晒出图片和被选中图片的

文面老人织"彩虹"(余金成 摄)

家庭进行适当的加分，将评比结果前三名的家庭评定为"清洁家庭"，并依托积分超市予以实物奖励。

3. 取得成效

（1）切实改变脏乱差现状。通过晒内务整理图片，激起群众的比拼干劲，村组内开始你超我赶，有效改善了家庭内务"脏乱差"的现状。注重正面激励引导，调动群众参与的积极性，从而不断激发群众的内生动力，逐步让群众从"要我脱贫"向"我要脱贫"转变。让群众意识到家庭内务整理的重要性和必要性，并享受这个创造美好生活的过程。

（2）群众参与度越来越高。家庭内务"每日一晒"活动开展以来，得到了广大群众的大力支持，群众参与范围越来越广。现在，家庭内务已成为全体村民的自觉行为和生活日常，村民们纷纷表示："家庭内务每日一晒，晒出的不仅仅是干净、整洁的新居，更晒出了自身不断提升的文明素质和美丽舒适的新乡村。"

（3）充分发挥了党员先锋模范带头作用。家庭内务"每日一晒"活动，让党员带头，以身作则，全力投入到人居环境提升、庭院打造工作中，使全乡的人居环境有了很大的提升。

（4）拉近了与群众的距离。开展独龙江乡人居环境、整体素质提升行动，是独龙族人民感恩共产党、展示新面貌的需要；是新一代独龙江乡党员干部履职尽责、开拓创新，开创一条幸福之路的需要。通过这些举措，干群关系更亲切了，也打开了群众的心结，点亮了群众的心灯，群众脱贫致富、向文明生活迈进的强烈愿望得到了空前提高。

4. 得到启示

（1）注重正面激励引导，调动群众参与的积极性。充分调动群众参与的积极性，使家庭内务整理、庭院打扫形成常态，并长期坚持。只有注重正面激励引导，才能真正打造出优质庭院。

（2）党建引领、党员带头、群众参与，共建美丽新乡村。只有党员群众共同发力，才能高质量推进全乡人居环境、素质提升等工作。有了这些示范户的带动、党员的带头，村民们才会纷纷行动起来，共同建设美好家园。

（3）结合实际，持续推进全乡人居环境提升及乡风文明工作，"晒"出乡村好风气。将"人居环境再提升、打造最美庭院"作为全乡实施乡村振兴战略的"首发班车"。坚持因地制宜，才能实现特色鲜明、望得见山、看得见水、记得住乡愁的美丽乡村建设，才能拉近党员干部和群众的关系。

（五）"一周三活动"案例

1. 产生背景

2019年4月10日，习近平总书记给独龙江乡的乡亲们回信，祝贺独龙族实现了整族脱贫，并表示："脱贫只是第一步，更好的日子还在后头。希望乡亲们再接再厉、奋发图强，同心协力建设好家乡、守护好边疆，努力创造独龙族更加美好的明天。"

2019年5月8日，中共怒江州委办公室、怒江州人民政府办公室印发了《独龙江乡"巩固脱贫成效、实施乡村振兴"行动方案》，吹响了独龙江乡乡村振兴的集结号。6月8日，中共独龙江乡委员会、独龙江乡人民政府印发了《独龙江乡基层党建、人居环境提升和素质提升"一周三活动""每月一评比"工作实施方案》。

2. 主要做法

（1）思想引领，激发动力，周一"天蓝地绿水清人美"环境卫生日。结合人居环境提升，独龙江乡将每周一定为全乡6个行政村和各个安置点环境卫生活动日。通过注重个人卫生、规范升国旗和国旗下的演讲、坚持家庭内务整理和庭院清扫，让"房前屋后干净整洁，庭院村庄花香四溢"成为标准。切实发挥村"两委"、村监督委员会和驻村工作队的示范带头作用，积极组织村民打扫马路、公共活动场所、公共卫生间，让美丽乡村在携手共建中更宜居。

（2）政策传万家，摒弃"等靠要"，周三"幸福不忘共产党"讲习活动日。每周三晚定为全乡6个村委会和各个安置点讲习活动日。主要是在讲习所（党群活动室）以讲感党恩、国家政策宣传、脱贫致富典型人物、村规民约、独龙江乡的发展故事等积极健康向上的内容来开展。作为和群众交流的主要精神阵地之一，通过定时开展讲习活动，让感党恩、文明卫生、健康生活、村规民约、脱贫致富典型人物、独龙江乡的发展故事、国家政策宣传、法律法规、民族团结进步、扫黑除恶等积极健康向上的内容不断深入人心。同时也通过开展讲习活动，让村民敢于讲、勇于讲，分享自己的身边事、幸福事，让讲习所（党群活动室）真正变成凝心聚力、提振精气神的精神家园。特别值得一提的是，独龙江乡巴坡村拉旺夺小组党员高礼生，通过改编独龙族传统"门祖"唱法，自己作词作曲创作了独龙族民歌《幸福不忘共产党》。通过不断学习传唱，这首通俗易懂、朗朗上口的歌曲已成为全乡自主传唱度最高的歌曲。这首歌曲不仅表达了对共产党的感激，也传递出一份对故乡的热爱和对未来更加美好生活的期许。作为周三"幸福不忘

开展文体活动（余金成 摄）

共产党"讲习活动日开场和结束的必唱歌曲，已然成为一道亮丽的风景线。

（3）倡导文明，"精神"也要富，周五"走出火塘到广场"文体活动日。周五晚上定为全乡6个行政村和各个安置点的文体活动日。主要是组织群众走出火塘到广场开展形式多样的活动，若遇雨天，则组织群众在党群活动室内开展活动。脱贫攻坚，不仅仅是物质生活上的进步，更应该是精神面貌上的提升。独龙江乡通过积极发挥党组织的引领作用，从走出火塘到广场这样男女老少都爱参与的活动入手，群众在家喝酒的情况少了，互相交流多了。大家在相聚时谈论的不仅是唱歌跳舞，还延伸到家庭教育、种植技术等方面，无形中促进了独龙族群众之间的比学赶超，培养了他们良好的生活习惯，提高了他们的精神文明素养和健康生活水平。

3. 取得成效

"一周三活动"犹如一根时间轴线，贯穿在群众每周的生产生活中，使他们的内生动力增强、精神面貌焕新。这是独龙江乡党委、政府根据自身实际，不断摸索总结出来的经验，通过开展周一"天蓝地绿水清人美"环境卫生日、周三"幸福不忘共产党"讲习活动日、周五"走出火塘到广场"文体活动日的活动，展现了新时代新农村新农民的新气象。

（1）通过"一周三活动"的开展，人居环境有了明显提升。通过开展周一"天蓝地绿水清人美"环境卫生日活动，通过注重个人卫生、规范升国旗和国旗下的演讲、坚持家庭内务整理、公共卫生打扫，全乡人居环境有了进一步的提升。

（2）通过"一周三活动"的开展，党员带头作用更加明显。通过在讲习所（党群活动室）宣讲感党恩、国家政策宣传、脱贫致富典型人物、村规民约、独龙江的发展故事等积极健康向上的内容，使党员群众更加凝心聚力共建家园。

（3）通过"一周三活动"的开展，群众精神面貌焕然一新。通过组织群众走出火塘到广场开展形式多样的活动，使群众的生活犹如七彩独龙毯般丰富多彩，生产生活、健康生活两不误。值得一提的是，独龙江乡举办了"独龙江乡首届独龙族广场舞比赛"，来自全乡6个行政村的148名群众参加了比赛。大家身着用独龙毯织法织就的鲜艳衣裳，在孔当村风雨馆展示了新时代新农村的新风貌和新风采。通过参加广场舞大赛，村民们不仅展现了自我，更提升了自信。

4. 得到启示

（1）群众自我发展能力提升是发展根本。要从志智双扶上下功夫，将"输血"转为自我"造血"，实现"政府要我干"到"我要这么干"的转变，发展才能有质有量有效。归根结底，就是要群众主动参与其中。

（2）党员带头发挥先锋模范作用是关键。俗话说："火车快不快，全靠车头带。"只有党员干部带头发挥先锋模范作用，群众才会更有干劲，乡村振兴才能有效有力落实。

（3）精神文明是活力。文化生活滋润能打开群众心结，点亮群众心灯，改变盲目局面，让群众"活起来"，使群众精神面貌焕然一新，同时将极大助力脱贫成效的巩固和乡村振兴的实施，这是乡村振兴中非常重要的一环。

（六）生态保护案例

1. 产生背景

独龙江乡具有独特的自然地理环境和丰富的动植物资源。独龙江流域内森林覆盖率高达93%以上，已发现高等植物1000多种、野生动物1151种，是名副其实的"自然地貌博物馆""生物物种基因库""云南旅游的最后一片原始秘境"。正确处理好生态环境保护与群众脱贫致富之间的关系，是独龙江乡党委、政府历来高度重视的工作。

党的十八大以来，习近平总书记多次强调："我们既要绿水青山，也要金山银山。宁要绿水青山，不要金山银山，而且绿水青山就是金山银山。"可见，人与自然和谐发展，不是只讲保护而不要发展，也不是只要发展而放弃保护。针对独龙江

迪政当村灵芝种植（独龙江乡政府 供图）

乡独龙族群众"捧着金饭碗讨饭吃"的问题，独龙江乡党委、政府立足乡情，提出"生态立乡、产业富乡、科教兴乡、边境民族文化旅游活乡"的发展思路，探索出了一条生态保护与脱贫"双赢"的路子。2018年底，独龙族实现整族脱贫。

2. 主要做法

破解独龙江乡生态环境保护与群众脱贫致富矛盾的基本思路，就是在保护中发展、在发展中脱贫。要在保护优先的前提下发展林下特色产业和实施生态补偿政策，并通过外部力量的帮助，激发当地群众的内生动力，实现就地脱贫一批。保护优先，就是在认真贯彻落实好国家实施的生态环境保护和修复政策的基础上，制定符合当地实际的法律法规和对策措施，确保把"保护"落到实处。发展特色产业，就是立足独龙江乡自然气候和地理条件，通过科学论证，因地制宜选择草果、重楼、独龙蜂、独龙牛等名特优产业，实现群众收入持续增长。招聘生态护林员、成立生态合作社等，让群众通过参与生态保护、生态修复工程建设和发展生态产业，实现工资性和劳务性的稳定收入，从而实现独龙族群众在保护中发展、在发展中脱贫的目标。

（1）保护优先，创造性地制定符合实际的相关法规措施和实施生态补偿政策。创新制度，提升依法依规保护治理能力。国家生态环境保护政策与生态修复工程实施后，独龙江乡开始从"以开发为主"转变为"以保护为主"。这对于独龙江来说，既是生产方式的大变革，也是思想观念的大跨越。面对大变革、大跨越，当地党委、政府"三管齐下"：一是立规矩，推进良法善治。2013年1月，独龙江乡人民代表大会审议通过了《独龙江乡规民约》。其中，对乱砍滥伐、偷捕盗猎、私挖野生药材等行为，给出了具体的处罚措施和给予举报者一定数额奖励的规定。2016年5月通过了《独龙江保护管理条例》，就独龙江流域的保护管理和合理开发作了明确的法律规定，推动了独龙江生态环境保护法治化进程。二是定规划，明确生态修复方向。着手编制《独龙江生态保护规划》，科学描述独龙江"让子孙后代遥望星空、看见青山、闻到花香"的美好愿景。三是常抓宣传教育。开展"保护生态，建设美好家园"主题教育，让"绿水青山就是金山银山"的观念深入人心，化作每一名独龙族同胞的自觉行动。

（2）生态补偿，实现群众"保护中增收、增收中保护"。积极推进退耕还林，改善生态环境和解决群众温饱、增

灵芝烘干厂的工作人员（独龙江乡政府　供图）

收问题。2001年至2004年在独龙江乡实施退耕还林7000亩，总投资1932万元，粮食折现1617万元，全乡827户3722人得到了资金和粮食补助，既改善了环境，又基本解决了温饱问题。2017年，贡山县林草局利用独龙江乡2014年和2015年巩固退耕还林结余资金，购买草果苗253784株，发放给最适宜种植草果的巴坡、孔当和马库3个村委会，共种植草果3172亩。2018年底，这3个村委会仅草果一项户均年收入就达2.5万元以上，逐步有了稳定增收的支柱产业。

选聘生态护林员，构建网格化管护机制成效显著。2017年底，贡山县林草局积极贯彻落实党中央"利用生态补偿和生态保护工程资金使当地有劳动能力的部分贫困人口转为护林员等生态保护人员"的要求，指导独龙江乡开展建档立卡贫困人口生态护林员选聘工作，共选聘195名生态护林员，加上原有其他各类护林员，目前全乡共有313名护林员。为了加强管理好这支队伍，使其充分发挥护林员、技术员、巡边员、带头员、宣传员、应急员和人力资源储备员等"七大员"的作用，成立专门机构，县级设立了森林资源管护大队、乡（镇）级成立森林资源管护中队、村级成立森林资源管护小队、村民小组成立管护小组，实行四级网格化管理模式，并制定管理办法和考核制度。此举不仅有效保护了生态环境，还使无法外出、无业可扶、无力脱贫、固守边疆的贫困人口获得了就地就业和脱贫机会。生态护林员每人每年有1万元的工资性收入。

成立生态扶贫合作社，带动社员通过参与生态项目建设实现就近劳务收入。独龙江乡建绿保林生态扶贫专业合作社成立于2018年12月27日，社成员共20人均由护林员组成。据合作社负责人介绍，他们承接的森林抚育面积共有7247亩，2019年一季度，社员通过参与森林抚育项目建设获得劳务性收入18.23万元，人均近1万元。据贡山县林草局负责人反映，生态扶贫合作社让社员不出村就有了劳务收入，但在合作社的日常规范管理，特别是项目资金的规范管理等方面，需要进一步因地制宜地探索和依靠相关部门下沉指导。

以电代柴，帮助独龙族群众改变砍伐薪柴的传统生活方式。独龙族群众生产生活都离不开火塘。据调查，独龙族群众原来每户年均使用薪柴约6立方米。2015年，云南省林业厅安排200万元资金实施独龙江整乡"以电代柴"项目，免费给1136户农户发放电磁炉、电饭煲、多功能电炖锅、取暖器、电热水壶等电炊具。2018年继续开展"以电代柴"和"柴改电"

松林（罗金合　摄）

项目，免费给1232户农户发放11件套电器炊具，实现了全乡电器炊具发放全覆盖。经评估，使用电器炊具后，每户年均节约薪柴约3立方米，大约占每户年均薪柴消耗量的一半；全乡每年可减少薪柴3408立方米，相当于保护中幼林852亩，折合标煤1946吨，减少二氧化碳排放4282吨，有效改善了独龙江的生态环境。

（3）立足实际，确定以草果为主的林下特色产业。科学论证，选择产业。独龙江乡林业资源丰富，发展林产业大有可为。当地党委通过"纵向走访+横向比对"的工作方法，积极探索出路，确定发展草果产业。草果是豆蔻属多年生草本植物，喜温暖湿润气候，适宜在林下或溪边湿润处种植，是药食两用中药材大宗品种之一。一是"纵向走访"。通过走访了解到，20世纪80年代有农技员用马驮了两筐草果苗进入独龙江乡，后经调查核实，其中7棵幼苗被巴坡村委会木兰当小组一户木姓人家给种活了。小小的草果树，让人们看到了独龙江乡产业兴旺的曙光。2007年，老县长高德荣念兹在兹，他把办公室搬到了独龙江乡，在乡政府附近一个叫斯达的原始森林中探索草果种植，并于2011年实现部分挂果。二是"横向比对"。独龙江乡周边茨开镇、普拉底乡早在2004年就开始种植草果，2007年10月挂果赚钱。通过对比分析，独龙江乡的自然气候条件适宜草果种植，而且是在不砍树的前提下，全乡6个村中有5个村都适合林下草果种植。同时，当地党委、政府对草果市场进行了分析，2007年至2011年，贡山县1市斤鲜草果平均价格在3.5元，只要1市斤鲜草果价格不低于2元，种植户就稳赚不赔。

以点带面，逐步做大。独龙江乡斯达林下草果种植的先行先试，为独龙族群众探索出一条符合当地实际的特色产业发展道路。2011年底，斯达草果基地草果种植面积达40亩，这里成了独龙族群众学习草果种植技术的培训基地，至2014年底累计培训5000余人次。2012年初，独龙江乡铺开大面积草果种植，在乡党委、政府和州委独龙江帮扶工作队的统筹下，林业、扶贫、农业、民宗等部门"组合"发力，通过给独龙族群众免费发放草果苗、主动送技到家门口等方式展开帮扶工作。同时，组织村组干部和积极性较高的农户去外地学习考察，回来后通过其现身说法提振村民种植草果的信心和决心，逐步实现以点带面、一户到几户、一个村民小组到几个小组、一个行政村到几个行政村逐步推广。2017年，独龙江乡招商引资建成了规模48吨草果烘干厂，争取全面实现全乡草果就地收购、就地粗加工、统一外售，建立产、供、销一体化产业链，促进独龙江乡草果品牌的树立。截至2018年底，全乡6个村委会中有5个村委会的群众户户种草果、人人有收入，草果种植面积达6.8万亩，产量达1004吨，产值约743万元，草果种植户仅草果一项人均纯收入就达3000元以上。

（4）紧扣生态主题，大力发展林、农、牧、游"复合"经营模式。独龙江乡6个村委会，最北边的迪政当村海拔太高，无霜期短，草果难成活，不适宜种植草果。好在这里有野生的重楼，是云南白药的重要原料，2018年每公斤干重楼收购价格在1200元左右。2014年，乡党委、政府支持迪政当8户党员带头试种重楼，到现在已经种植了近百亩。由于草果、重楼生长期较长，草果需要种植4年才开始挂果，重楼需要种植6年才能采收，乡党委、政府就积极探索破解短期经济效益产业缺失的难题，提出了"林+"生产模式，大大提高了林地利用率和产出率。

"林+畜禽"模式。过去农户放养在村寨附近的独龙鸡、独龙牛数量有限，且缺乏管理，没有很好地发挥致富效应。现在，在政府的提倡下，这些养殖户开始尝试产业化经营。以牛的养殖为例，从北向南流的独龙江将迪政当村分为江东和江西两部分，江的两边有一条铁桥连接。自从安居房政策实施以来，江东的村民搬到了江西的安居房集中居住，江东就成了精准扶贫项目中的一个牧场。牧场除了饲养普通的黄牛，还饲养独龙江特有的独龙牛。普通的黄牛一头卖2000—3000元，独龙牛可以卖到10000元。发现了独龙牛的价值，当地党委、政府开始鼓励群众尝试特色畜禽养殖。截至2018年底，独龙牛、独龙鸡等大小禽畜存栏20285头（只），出栏10600头（只）。

"林+蜂"模式。2012年以来，独龙江乡党委、政府合理运用扶贫专项资金，采用"奖补"的方式鼓励群众自己动手做传统蜂箱，每个空箱补贴100元，共制作了10000个空箱，如果招进一箱野生蜂再奖补50元，以此激发群众的养蜂积极性。独龙族群众创造性地在草果地尝试招引独龙蜂，并成功收获蜂蜜。草果花为蜜蜂提供了丰富的蜜源，蜜蜂则通过采蜜为草果传粉，提高了草果挂果率和产量，二者互利共生，有效促进了农户增收。2015年到2018年，县农业局结合高原特色贡山蜂养殖项目，免费发放标准蜂箱1825个，并积极开展当地蜂种养殖技术示范推广。截至2018年底，独龙江乡成功招养独龙蜂4625箱，产量5119.90市斤，按每市斤80元计算，产值约40.96万元。

"林+菌"模式。羊肚菌是一种珍贵的食用菌和药用菌，市场前景极为广阔。其生长周期短，从每年11月开始到次年5

独龙江羊肚菌(独龙江乡政府 供图)

月结束,其余时段还可以种植其他经济作物。2017年底,乡党委、政府抓住珠海对口怒江州羊肚菌种植帮扶项目的机遇,结合产业结构调整,摒弃低效益、低产的玉米等传统作物种植,采用"奖补结合"模式,鼓励群众在有限的耕地上种植或在草果林里套种羊肚菌。截至2019年上半年,全乡羊肚菌种植面积达663亩,产量12万市斤,产值400万元以上,带动农户396户1188人。

"林+游"模式。独龙江峡谷保留着完好的原始生态环境,有独特的峡谷、高山草甸的自然资源和神秘的人文景观,自然资源多样且品质优良,景观资源独具特色。一方面,独龙江乡积极开展特色旅游村项目,打造生态农业旅游、独龙美食文化体验、原生态民俗体验等特色村;另一方面,充分发挥森

美丽独龙江（潘锦秀 摄）

林资源优势,打造科考探险、人马驿道等生态旅游项目。2015年,巴坡村委会巴坡小组独龙族王春梅在政府免费建盖的90多平方米的新房里打理出一间旅游接待房,仅在当年"十一黄金周"期间,她家的住宿和餐饮接待纯收入就达6000多元。现在,王春梅所在的巴坡村民小组20多户人家每家都有一间旅游接待房,除旅游黄金周外,其他时间平均1个月能有600多元的收入。

(5)下沉力量,打通制约发展的基础设施和素质瓶颈的"最后一公里"。针对独龙江乡基础设施十分薄弱、基层干部和农技员能力弱、群众内生动力不足的问题,省、州、县各级各部门下沉力量,合力攻坚。2010年至2014年底,怒江州成立州委独龙江帮扶工作队,先后从州、县两级机关抽调118人次,进驻独龙江乡6个村委会26个自然村,每个村委会至少安排10人,直接驻村开展项目实施、全面动员群众投身脱贫攻坚行动。五年来,围绕涵养生态和脱贫致富,共落实建设资金13.04亿元,共建设完成水、电、路、卫生、文化设施齐全的安置点26个,建成独具民族特色的安居房1068户,铺筑沥青路面和水泥路面150公里,建成高黎贡山独龙江公路隧道6.68公里,彻底结束半年大雪封山的历史。组织开展各类农村技术培训,受众达25464人次。2017年9月,怒江州委、州政府启动实施独龙江乡"率先脱贫、全面小康"提升行动,全力开展整合资源和实施脱贫攻坚、特色小镇、旅游发展、环境保护、人居环境、整体素质、基础设施、基层党建提升行动,为独龙江乡生态环境保护与经济社会发展协调推进注入了强大活力。

3. 经验启示

独龙江乡深入贯彻落实习近平生态文明思想,着力破解生

绿水青山就是金山银山（罗金合 摄）

态保护和脱贫致富之间的矛盾，坚持问题导向，秉承"在保护中发展、在发展中脱贫"的理念，把脱贫攻坚与生态文明建设相结合，带动生态环境不断改善；把生态文明建设与特色产业培育相结合，带动群众持续增收；把特色产业培育与人民素质提高相结合，带动群众内生动力不断提升，打出了生态扶贫工作的"组合拳"。采取的四项措施立足乡情、因地制宜，既有其特殊性，又有可推广和复制的普遍性，是以"两山"理念为精髓的习近平生态文明思想的生动实践。

（1）坚持保护优先，是实现人与自然和谐共生的根本前提。在"绿水青山"和"金山银山"发生矛盾时，要深刻认识到"两山"理念关于生态系统、经济系统和社会系统是密切协同、"一损俱损、一荣俱荣"的内在联系的思想精髓，必须将"绿水青山"放在优先位置，不能走以"绿水青山"换"金山银山"的老路。方向对了，就是成功的开始。良好的生态环境是农村最大的优势和宝贵财富，要用最严格的制度、最严密的法治保护生态环境，全力推进独龙江乡生态文明建设，将独龙江乡的良好生态环境优势转化为生态林业、生态农业、生态旅游等生态经济优势。

（2）实施生态补偿政策，是解决偏远山区贫困人口脱贫致富最有效的途径。建档立卡户可通过参与国家和省的重点生态工程，获得相关补偿或补助资金，还可参加生态工程建设劳务所得实现增收致富。同时，积极探索推广"生态护林员+"模式，不仅增加了贫困户的工资性和劳务性收入，还发挥了护林员、技术员、巡边员、带头员、宣传员、应急员和人力资源储备员等"七大员"的作用，从而使生态得到保护、群众得到实惠、民族更加团结、贫困群众赢得尊严。实践证明，生态补偿脱贫一批，实现了生态保护和脱贫攻坚的"双赢"。

（3）选准对路产业，是实现生态环境保护与经济社会发展良性互动的关键所在。没有产业，群众就没有出路，保护也就成了空谈。要坚持走好生产发展、生活富裕、生态良好的永续发展之路，产业振兴是第一位。无论是林下特色种植养殖，还是生态旅游，都要立足于绿水青山的实际资源禀赋，从而促使群众主动保护生态环境，积极探索生态环境优势转化为生态产业优势的机制和途径，实现"绿水青山"向生态经济发展持久稳定的变化，带来源源不断的"金山银山"，实现百姓富、生态美的统一。

（4）力量下沉，是提升基层干部和群众素质的重要手段。越到基层，力量就越薄弱，仅靠当地群众自身的力量解决不了自身的困难和问题。能否打造一支思想政治素质、业务素质过硬的帮扶工作队伍，关系到脱贫攻坚战役的成败。要将帮扶工作队打造成一支不怕困难、冲锋在前的先锋队，团结人民、凝聚人心的组织队，落实政策、鼓舞干劲的宣讲队，深入基层、技术精湛的指导队，善于打硬仗的突击队，全心全意为人民服务的服务队。群众是保护生态环境和脱贫攻坚的主体力量，提高群众的自我发展能力、落实群众的主体地位既是实现脱贫的关键，也是扶贫工作的最终切入点和落脚点。帮扶工作队组织贫困群众全程、全面参与项目建设，可强化贫困群众参与项目的能力，有效调动和激发贫困群众的内生动力，把扶贫工作作为贫困群众提升自我管理、自我服务、自我提高能力的主战场，促进扶贫工作的全面有序推进和脱贫目标顺利达成。

二、各村创新工作典型案例

（一）迪政当村：山有所呼，海有所应

碧蓝如玉的独龙江畔，青翠叠绿的雄山下，贡山县独龙江乡迪政当村特色旅游村"克劳洛"乡愁领地保护项目施工现场，村民孔建良开着挖掘机忙碌着："每天200元，在家门口就可以务工挣钱！"孔建良笑容满面，指着前面漂亮的独龙族传统民居说："我家是沪滇协作援建的，谢谢上海，让我们过上好日子。"特色旅游村"克劳洛"乡愁领地融合文化与美景，很快将成为独龙江乡生态旅游热点。孔建良开心地说："往后可以卖特产、吃旅游饭了。"自上海浦东新区与贡山县结对帮扶以来，上海浦东新区秉承"贡山所需、浦东所能"的原则，在各层级、各领域给予贡山县强有力的帮扶，形成了县、乡、村层层结对帮扶全覆盖的立体帮扶格局。

祖国东部的上海与西南边陲独龙江乡，在2009年开始、2014年结束的独龙江乡"整乡推进、整族帮扶"项目中就结下了深厚的"山海情"，如今，还持续书写着美丽的"山与海"的故事。着眼于山区与沿海优势共同发挥，"造血"与"输血"功能共同增进，推动建设现代化独龙江乡边境小康村。上海东西部帮扶对口资金总投入1400万元，帮助"克劳洛"乡愁领地保护项目完成了民房建设，相关配套设施正有序推进。该项目着力于打造独龙江乡的旅游"名片"，是当前独龙江乡开启率先振兴的重要起点，是深入贯彻党中央、国务院关于乡村振兴的重大战略部署，全面落实云南省委、省政府打造怒江

乡愁领地"克劳洛"（罗金合 摄）

"两区一胜地"定位和怒江州打造乡村振兴示范乡的正确举措。同时，投资500万元重建的孔当村鲁腊小组乡村振兴示范配套建设项目正在有序推进中。

浦东新区注入项目资金195万元建设"最美庭院"，同时投入了50万元"微菜园"建设项目资金。独龙江乡党委以"最美庭院"为抓手，下最大的决心、从最弱的村推动、派最强的人落实、找最好的户示范、调最多的人参与、用最少的钱投入、建最美的庭院、获最多的好评，努力绘就乡村振兴的"最

美底色"。政府奖补水泥,就地取材,群众投工自建、互帮互助。每村由2名乡党委班子成员"承包",入村蹲点,组织驻村工作队队员、村干部、小组长、党员积极宣传,并且带头干,领着男女老幼齐上阵,家家建庭院,户户忙种花,比学赶超的氛围非常浓郁。乡党委争取系统配套资金150万元,逐步

独龙江生态修复（罗金合 摄）

打造生活富裕、生态优美、人与自然和谐共生的美丽村庄。宜居宜业最美庭院打造覆盖全乡6个行政村，受益群众达1000多户。

经过全面升级改造，乡村面貌焕然一新。美丽风景催生美丽经济，今天的独龙江乡成功创建为国家AAAA级旅游景区，有1家四星级酒店、25家旅游客栈，生态旅游后劲十足。

（二）龙元村：拆迁治乱，补绿添花

自启动新一轮农村人居环境整治提升"百日攻坚"专项行动以来，龙元村党总支抓巩固、促衔接，凝聚驻村工作队和村"两委"的基层党组织力量，以"为人民群众创造更美好的宜居环境"为出发点，摸底情况，建立工作台账，紧盯目标，分类施策，逐步销号、逐组"清零"。坚持挂图作战、对图销号，实现攻坚一批、销号一批、提升一批。集中力量开展了"拆除私搭乱建，拆除危房、旧房、生产用房，圈舍拆迁"拆迁治乱工作，继续实施补绿添花，盘活乡村闲置土地，加快乡村道路绿化，努力建设"路域美、田园美、村庄美、庭院美、乡风美"的美丽乡村。

"之前我们自己建的雨棚与村庄不协调，不美观、不漂亮，现在进行拆除，我们非常支持。"村民孔荣华说，听说要拆了，当时不理解，动员会上看到旅游建设规划图才知道独龙

田园果香（潘锦秀　摄）

龙元村白来感恩大桥（潘锦秀 摄）

江的前景有多么美好。现在庭院变成了绿菜园，提升了居住环境，心里还是很高兴的。

龙元村将拆迁治乱作为盘活农村土地资源、改善人居环境、推进乡村振兴的突破口，突出试点探路、典型引路、经验开路，严守"法规政策不逾越、群众权益不受损"两条底线，促进存量土地空间有效释放，村容村貌明显改善，农村人居环境明显提升，实现了从"旧房难舍"到"安心拆除"的蜕变，推动了农村人居环境新提升，打造出宜居宜业、业兴人和的美丽乡村。"大伙能帮我家拆不？我家人少自己不好干！谢谢了！"村民江林清主动来邀请工作组，"党的政策这么好，独龙人民一定要听党话、感党恩、跟党走，好日子还在后头呢！"

龙元村拆迁治乱与美丽乡村建设深度融合，与发展乡村旅游结合起来，对影响旅游发展的圈舍、残垣断壁、旧房等应拆尽拆，并科学规划养殖区域，将圈舍搬离生活区。龙元村党总支书记吕正华说："我村充分发挥党总支主导、支部引领、党员带动的作用，营造了党员带头拆、主动拆、帮忙拆的良好氛围。"龙元村党总支坚定信心，夕惕若厉，增强宣讲党的政策与实际结合的能力，在"拆建治管用保"等方面多思考，用科学的方法推进工作，实现房主安心、群众支持。

走进龙元村，青翠叠绿的雄山怀抱中，碧蓝如玉的独龙江穿村而过，鹅卵石街道庭院干净整洁，盆栽造景鲜花怒放。房前瓜果香、屋后树成行，四季有相、景随路移。独龙族妇女江英笑容满面："这几年村子里的变化太大了，庭院美，村庄亮，环境卫生干干净净。过去的脏、乱、差一去不复返，乡风文明新风尚，好日子芝麻开花节节高！"

近年来，龙元村持续开展人居环境整治提升工作，找差距、补短板、强弱项、夯基础，打造美丽宜居乡村，建设现代化边境小康村，推进全域旅游发展，不断提升广大人民群众的文明素质和获得感、幸福感、满意度。经过整治，乡村面貌焕然一新，原先"民心散、家底薄、环境差"，如今变身为省级文明村、美丽乡村示范点。美丽风景催生美丽经济。"看，两百米街道就有3家农家乐。"江英指着开满鲜花的鹅卵石街道说，她家就是其中之一。

龙元村人居环境整治提升"百日攻坚"工作结合独龙江乡"五边、五美、五化"专项行动的工作经验，坚持抓党建促人

科普入村（潘锦秀 摄）

居环境提升，通过以点带面、典型示范，开展整治提升工作。全村累计投入168个劳动力3502个工时，拆除危房、旧房14户。拆除棚子187个，其中雨棚111个、柴棚63个、工棚13个。已搬离村外58个猪圈、94个鸡舍。共建设鹅卵石围墙5120米、花坛334个、空中花台238个，制作栽种1710个木花盆。目前，龙元村在全乡率先实现村民小组内无猪圈、鸡舍，为人居环境整体提升集中行动创造了好经验、提供了好办法。

（三）龙元花椒成为"新引擎"

得益于得天独厚的自然条件，龙元村出产的花椒口感倍佳，远近闻名。"龙元花椒鸡又香又麻，吃了还想吃，来了还想来。"龙元花椒鸡也从"为家乡打call"的热潮中脱颖而出。"我们村的花椒品质确实很好，花椒鸡更是游客首选，但规模小，也没有形成产业链。今年'一村一品'产业建设中就重点规划了花椒种植。让'龙元花椒'成为名副其实的致富'龙元金豆'，让更多农民走上致富路。"龙元村党总支书记

龙元村花椒（潘锦秀 摄）

吕正华说。

村民们扛着锄头，背着背篓，在葱蔚润的江畔忙着种花椒。"栽植时应挖大窝，施足底肥。可以加入100克鲜石灰粉，以防根腐病。注意行距，一般为2.5米×2.5米，坡度大的可以种密一点，坡度小的要种宽一点。土壤肥厚的行距大点，土壤瘠薄的行距小点。株苗大的行距大点，株苗小的行距小点。既要充分利用地力与光能，又要适应花椒生长发育，达到花椒丰产、稳产、质优、长寿的目的。"独龙江乡农业综合服务中心副主任李新华耐心地为村民讲解花椒种植技术。

为加快产业转型升级，助推农旅互融，独龙江乡以产业兴旺作为乡村振兴的重要支撑，以现有产业基础和各村产业优势为出发点，积极谋划和培育，逐步打造草果、黄精、灵芝、花椒、重楼等规模化种植，同时发展旅游业的独龙江"一村一品"。持续做好养殖项目，推动形成种养殖和文旅互促互补的良好格局。

"必须创建农业品牌、优化产业结构,走规模化、产业化、品牌化的新路子。"独龙江乡党委副书记、乡长木小龙介绍说,"近几年,将持续加大科技投入,结合农业'技术人员下基层'服务,聘请省内最有影响力的有关专家成立产业发展技术指导组,为广大种植户提供种植和管理技术"。"这次发放了2000棵本地青花椒苗,种植面积20亩,后续还有2万余苗200亩种植计划在近期实施。"李新华说。

龙元村的"一村一品"花椒种植采取"政府+公司+合作社+农户"的经营模式,政府规划、购苗,公司为合作社提供花椒苗木和后续追踪服务技术指导,带动村民共同发展致富。

独龙江乡将着力打造特色产业示范区,稳步扩大种植面积。同时,坚持以特色产业为载体,通过"产业联动"强化"利益联结",通过"利益联结"促进"干群联心",以实施乡村振兴战略为总抓手,努力打造群众稳定增收、经济迅速发展、乡村活力明显提升的美丽宜居独龙江、生态旅游独龙江。

(四)巴坡村的红色乡愁

巴坡村地处独龙江乡南部,距乡政府所在地孔当村18公里,曾经为独龙江乡人民政府所在地、独龙江人马驿道的起始点,承载了独龙江乡半个世纪的发展历史。巴坡村面积445平方公里,有耕地560亩、林地43313亩。辖8个村民小组,共249户942人。全村有6个党支部,100名党员(正式党员91人、预备党员9人)。种植业主要以草果、玉米、薯类等为主,目前草果种植达2.5万亩,户均超100亩,户均草果收入1.6万元,实现了家家户户有草果产业。养殖主要以高黎贡山猪、独龙牛等为主,高黎贡山猪存栏570头,独龙牛存栏460头。

学习养蜂技术（宋林武　摄）

"公路弯弯绕雪山，汽车进来喜洋洋，独龙人民笑开颜……党的政策就是好，幸福不忘共产党……"这是青年党员高礼生有感于独龙江乡巨变改编的独龙族民歌《幸福不忘共产党》，唱的是独龙族人民的心声、唱的是独龙江新天地。丰富生动的传统文化和历史记忆不仅成为乡愁之源，而且成为激发乡村振兴的内生动力和活力。

独龙江畔的巴坡村，脚下的巷道干净整洁，清流交响迂回，路旁鹅卵石庭院圆润整齐，竹编花盘别具一格，兰花与石斛齐放，石竹与杜鹃争艳，花团锦簇，树木葱茏，一座座错落有致的独龙族民居与蓝天白云、独龙江碧波交织成一幅绿水青山的美丽乡愁的新画卷。巴坡村的乡愁韵味不只在她的入眼皆风景，还有她浓厚的历史人文底蕴。

独龙江乡巴坡爱国主义教育基地的烈士陵园和边防部队的老营房，诉说着那段刻骨铭心的往事和警民同心鱼水深情的篇章，共同见证了独龙江的沧桑变迁。"扎根独龙江，一心为人民。"解放初期，一群热血青年走进独龙江，在区政府驻地巴坡村种下民族团结之树，开始漫长的戍边生涯，为独龙族的社会事业发展立下了汗马功劳，先后有8名烈士献出了宝贵的生命，永远守护着独龙江。70年来，一代代戍边民警与独龙族群众心心相连，用青春、热血甚至生命谱写出"扎根独龙江、一

村民合唱《幸福不忘共产党》（余金成　摄）

心为人民"的壮丽篇章。

　　一个承载军民鱼水深情的美丽乡村，如今成为一个让人"来了就不想走"的地方。"游在独龙江，吃在巴坡。"为让游客真正吃到独龙风味，巴坡村打造了草果嫩芽凉拌鸡、虫草鸡、臭竹笋、传统制作炸苞谷花，让游客真正体验独龙菜谱，吃到独龙野菜。"游在独龙江，体验在巴坡。"巴坡村组织民族舞蹈表演、非遗传承表演等各类活动，讲好独龙族、独龙江乡的故事，充分展现巴坡村民俗风貌，让游客有参与感，体验到独龙族民俗风情。巴坡红色旅游以爱国主义教育基地、烈士陵园等红色景区和独龙江人马驿道为支点，通过往昔今朝对比，讲红色故事，重走历史路，饮水思源感党恩。

独龙江脱贫的典型人和事

一、"人民楷模"——老县长高德荣

他放不下那份对民族、对群众的深深眷念，还有作为一名共产党员、一名独龙族干部沉甸甸的责任和使命。不知疲倦地工作是他的个性，许多年轻同志评价他是"不会休息的老人"，老同志说他是"睡眠不好的人"。老县长对独龙江的贡献不必赘述，在此仅列举老县长部分荣誉。

1999年9月，国务院授予高德荣同志民族团结进步模范称号。2003—2007年，当选第十届全国人大代表，并获得第三届

老县长高德荣（余金成　摄）

全国少数民族团结进步模范称号。2013年，荣获第四届全国道德模范提名奖，当选第四届云南省道德模范，并在第四届全国道德模范评选中，当选全国敬业奉献示范候选人。2014年4月，云南省人民政府授予高德荣同志"云南省先进工作者（省级劳模）"称号。2014年12月29日，中宣部授予高德荣同志"时代楷模"称号。2015年1月，中组部授予高德荣同志"全国优秀共产党员"称号。2015年1月27日，荣获"云南省优秀共产党员"称号和"云岭先锋"奖章。2015年10月13日，荣获全国敬业奉献模范称号。2016年10月，国务院扶贫领导小组授予高德荣同志全国脱贫攻坚奖贡献奖。2019年9月17日，荣获"人民楷模"国家荣誉称号。

二、胡建龙与马库的不解之缘

胡建龙，马库村驻村工作队队员。他讲述了他跟马库的不解之缘：

时间的流逝，如白驹过隙。我来到独龙江驻村已经三年零三个月了，1000多个日日夜夜只是蓦然回首。岁月的脚步，如沧海桑田，放在独龙江悠久的历史长河中，不过是弹指一挥间，宛如梦端。人生的经历，如夏花灿烂，是我一生中最难忘、最珍贵、最值得铭记的一段时光。在这片沃土上，我得到了最难得的淬炼、最全面的升华、最丰厚的收获，是党和独龙族人民滋养了我、培育了我、成就了我。我原本只想收获一缕春风，党和人民却给了我拥有风华灿烂的机会。此时此刻，面对熟悉的面孔，回首一幕幕鲜活的往事，我百感交集，难说再见。

能为独龙族人民的幸福生活贡献力量和智慧，是我一生的荣幸。三年来，我走进马库的家家户户，与马库人民结下了深厚的友谊。三年来，大家共同奋斗，全身心投入脱贫攻坚的战场、服务群众的第一线，一心一意帮助贫困群众发展产业、就业创业，乡村道路、自然村组干道全部硬化，打通了贫困群众脱贫致富增收的"最后一公里"。2018年独龙江全乡率先脱贫出列，千年的绝对贫困得到了历史性的解决。奋斗路上，我永远忘不了独龙族群众为美好生活而奋斗的决心，永远忘不了脱贫群众脸上洋溢的笑容，看到独龙族人民日子越来越好，我倍感自豪。独龙族人民的艰苦朴素、勤劳善良，让我深受感染、深受教育。这将成为我一生中最珍贵的乡愁和情怀。

独龙江已成了我的第二故乡。三年来，我们和独龙族的老乡一起努力，从实现脱贫出列到开展乡村振兴，每一次的进步和跨越，离不开我们独龙江乡党委、政府的坚强领导，离不开我们村"两委"和所有驻村工作队员的倾情付出。忘不了我们那段当"表哥、表姐"的日子，不厌其烦地走家串户，老百姓家有多少收入、有多少粮食，甚至有多少只鸡，我们都一清二楚。有老百姓调侃道，你比我还了解我家的情况，还有什么好问？显然已成了老乡口中的亲情。一次又一次地入户，是为了更好地精准排查，把最好的政策实施到户甚至到人，更好地做好脱贫工作。忘不了在村里带头开展人居环境提升工作的场景，这里成了我第二个家，我更深深爱上了它。为了让它干净整洁，更加舒适地居住，我们开展卫生清理工作，开展"最美庭院""十星级文明户"评比工作，只为让大家养成良好的卫生习惯，将我们原本美丽的村庄建设成更为生态宜居的文明村寨。

"最美驻村工作队员"——胡建龙（潘锦秀 摄）

党和人民见证了独龙江的发展，也让世人有机会领略独龙江独特的自然风光。我的驻村工作经历，让我光荣无比，基层工作的繁琐，让我成长历练。有时为了工作会眉头紧皱，有时会为了生活有所烦恼，但回顾这几年，一些微不足道的为民小事、群众的肯定、领导的认可，让我内心有饱满感、成就感。能作为独龙江实现千年跨越的一位工作者、参与者，我倍感光荣！

驻村干部是光荣的！不是因为在这岗位上的贡献有多大，也不是因为驻村人员的能力有多强，而是因为我们是政府和百姓沟通的桥梁，关系到千家万户的切身利益！农村和农民养育了我们，我们应该好好珍惜在农村锻炼、学习和工作的机会，更多地帮助村民解决实际困难，以实际工作成绩向人民群众交份满意的答卷。

今后，我不再是独龙江的施工队队员，但永远是独龙江的啦啦队队员，我将时刻想念独龙江、关注独龙江，为独龙江的每一项成绩而骄傲，为独龙江的每一次变化而欣喜，为独龙江的每一步发展而喝彩。

三、企业爱心筑梦

百年大计，教育为本，强国必先强教。2022年9月6日，云南东冠建筑工程有限公司在独龙江乡孔当村为在读大学生举行爱心助学捐赠"大学助梦"助学金发放仪式。

为促进独龙江乡教育事业发展，培育独龙族青年才俊，推动社会经济增长，推动民族兴旺，云南东冠建筑有限公司对部分独龙族优秀在读大学生进行了助学帮扶。本次受资助的大学生有13人，资助金额共1.4万元。

社会发展，教育先行。助学捐赠现场，独龙江乡党委副书记、乡长木小龙勉励受资助大学生，强调大学生要饮水思源感党恩，感谢社会各界的支持，把感恩转化为学习成长的动力，在学校发奋努力，做好人生规划，打好人生基础，提高综合素质，立志热爱祖国、忠于人民，明确方向、把握大局，为新时代的独龙江乡繁荣发展努力奋斗。

受资助大学生龙初杰动情地表示：

感谢党委、政府、东冠公司的大力支持，本次受赠触动心灵。今后一定心怀感恩，学好知识，学好技术，毕业以后为建设好家乡、守护好边疆贡献力量。

云南东冠建筑工程有限公司是独龙江集体经济带动当地企业创办的新公司，由中交扶持和村集体、村民入股形式成立的新型集体经济组织。借助政府扶持优势，力所能及地承接一些地方政府工程，录用本地村民到公司务工，就地就近转移劳动力就业，不断推动帮扶由"输血"向"造血"的转变，实现村级集体和群众双增收，是政府发展壮大村级集体经济的创新路子。目前，公司项目建设覆盖全乡6个行政村，涉及资金1700万元，带动本地农民工就业290多人，累计发放本地农民工工资近200万元。

云南东冠建筑工程有限公司总经理张金华说："东冠建筑工程有限公司是独龙族群众自己的公司，最终目标就是发展独龙江，为独龙族创造更加美好的生活。希望各位受资助大学生努力学习，发奋成才，将来更好地回报家乡、建设家乡。"他表示随着公司的发展壮大，将承担相应的社会责任，不断完善社会捐赠制度，做好公益活动，逐步覆盖优秀学生以及高龄老人、残疾人等需要帮助的困难家庭。

四、余金成访谈

第一次访谈

时间：2020年8月11日

地点：独龙江乡

余书记您好！

1. 您是哪一年到独龙江乡工作的？

答：我是2012年5月份，通过干部公考的形式到独龙江任职副乡长的。

2. 我们了解到您出生在怒江兰坪，在您小时候独龙江乡给您的印象是什么呢？

答：给我的印象是很遥远、很贫困、很神秘的一个地方，

独龙江乡党委书记余金成到北京参加全国精神文明建设表彰大会留影（余金成 供图）

是一个与外界隔绝的地方。当时很多人说，1965年之前，独龙江乡几乎可以说"没有路"，过江靠溜索、出山攀"天梯"是独龙族人出行的真实写照。春夏进独龙江，估计经常遇到堵路，需要两天的时间才能到达。冬季，独龙江就半年大雪封山，外面的人进不去，里面的人出不来。

3. 您第一次进独龙江是哪一年，当时留给您最深的印象是什么？

答：第一次进独龙江，是2012年5月份，也就是去独龙江工作了。当时，独龙江给我的印象是：一是以交通为代表的基础设施很差，97公里的独龙江公路还是毛路，到处都是坑坑洼洼，坐汽车进去需要十几个小时，运气不好遇上塌方、泥石流的话，还需要在路上过夜。隧道还没有打通，独龙江半年大雪封山。贯穿独龙江南北的公路，也就是现在从马库到迪政当的路，也都是土路。二是信息特别闭塞。听老人说，由于通信基础设施落后，他们曾经采用放炮通知开会的方法。乡政府从各村抽人进行放炮业务培训，并事先约定好：急事、重要会议炸两响，一般会议炸一响。放炮时间安排在晚上8点，开会为次日下午。"放炮传信"在独龙江乡各村沿用了十多年，直到2004年10月乡里开通了移动通信网络。我到独龙江的时候全乡没有网络信号，在乡政府附近才能打2G电话。当时，刚大学毕业不久，正好流行玩QQ，到独龙江后，可以说是与QQ无缘了。要到贡山县城后，手机才可以登录QQ，才发现很多同学留言，说我一年没有信息了，是不是出了什么事情。三是群众非常纯朴善良，但却非常贫困。部分群众还住着茅草房或竹篾房，漏雨通风是经常的事。群众吃的都是退耕还林补助的粮食。大部分群众非常腼腆，都不敢近距离与我们接触。

4. 我们了解到您是在玉溪上的大学，大学毕业后为什么想到要回家乡工作呢？

答：一个是就业所需，一个是自己也想为怒江的发展做点事吧。事实上，2012年大学毕业生的就业形势还是比较严峻的，要找一份收入稳定的工作还是不容易的。就考公务员而言，报考怒江州的工作岗位相对容易些，因为在很多人看来怒江州毕竟是边远、贫困的代表，大多数人不愿意到这里工作，所以岗位竞争不怎么激烈，而且我就是怒江人，父母家人都在怒江，综合考虑后觉得回怒江工作也挺好的。而且就怒江的发展而言，也需要大学毕业生回到家乡、建设家乡，毕竟我们是从这里走出去的，对生我养我的这片土地还是饱含深情的，所以有机会回来，为家乡的建设尽一份自己的力量，也是义不容辞的。

5. 您在独龙江乡担任书记多长时间？

答：在独龙江乡工作快10个年头了，书记担任了2年。

6. 就您来看，独龙江乡的脱贫攻坚历程，抑或是发展历程，可以划分为几个阶段呢？

答：我觉得经历了三个阶段：第一个阶段是从2010年到2014年，这5年，我们解决的是群众的吃住行问题。首先，我们大力开展基础设施建设。2010年到2014年，完成通村硬化道路60公里、人马吊桥11座、三级客运站1个；新建电站1座，而且农村电网改造后，独龙族群众看上了电视，用上了电脑、手机。尤其是2014年打通了高黎贡山独龙江公路隧道，结束了半年大雪封山的历史，解决了独龙族群众出行难的问题。其次，把安居房建设完成，解决了群众住的问题。如今，独龙江乡"住房安全有保障"的问题已经彻底解决，实现了从住在洞穴、茅草房到搬进美丽新居的大跨越。

第二个阶段是从2014年到2019年，正好赶上了全国的脱贫攻坚工作，独龙江也迎来了又一次发展跨越的好时机。这五年，我们着力解决群众口袋鼓起来的问题，组织群众大力发展产业。比如，结合当地土壤、气候、水文、植被等多方因素，大力发展草果种植，鼓励群众开展了"林+畜禽"的种养模式，并开办农家乐，引导群众参与到乡村旅游中。逐步打造草果、黄精、灵芝、花椒、重楼等规模化种植，发展旅游业的独龙江"一村一品"。持续做好养殖项目，推动形成种养殖和文旅互促互补的良好格局。这五年，是独龙族群众发展最快的五年，可以说是真正意义上实现了发展致富，口袋鼓起来了。

第三个阶段是从2019开始，大力发展教育事业，提升独龙族群众的综合素质。精准扶贫以来，独龙江乡始终注重教育基础设施建设和教育扶贫工作，建设完成1所九年一贯制中心学校和4个小学教学点，独龙江乡6个村委会实现学前教育全覆盖。实施"雨露计划"等社会助学，实现建档立卡贫困学生全覆盖，大力宣传义务教育法，小学生入学率、巩固率和升学率连续五年保持在100%。我们组织群众开展"一周三活动"，也给群众开办了夜校，让群众经常到党员活动中心来学习党的路线、方针、政策，学习外面其他少数民族致富的经验和做法。一些群众在我们的鼓励下外出打工，一些群众开办了农家乐、买了车。这五年，我们让群众的脑袋富起来了。

7. 如果说有阶段划分，那每个阶段的发展特征或者关键点是什么？

答：第一个阶段的关键是解决吃住行问题。随着水、电、路、住房等基础设施的不断完善，不仅给群众的生产生活带来了极大的便利，而且也让独龙族从过去封闭保守的环境中走了出来，增进了对外界的了解与信任。第二个阶段解决的是产业问题，也就是口袋鼓起来的问题。以现有产业基础和各村产业优势为出发点，积极谋划和培育，逐步打造草果、黄精、灵芝、花椒、重楼等规模化种植，发展旅游业的独龙江"一村一品"。持续做好养殖项目，推动形成种养殖和文旅互促互补的良好格局。第三个阶段解决的是素质提升问题，也就是让群众的脑袋富起来的问题。通过提升群众的综合素质，独龙族群众的生活习惯、思想观念、文化素质发生了跨越式改变，男女老少精神面貌焕然一新，睡懒觉、喝酒的少了，学文化、学技能的多了，自我发展能力得到了前所未有的发展。

8. 事实上，相较于其他脱贫地区而言，对于独龙江乡的发展，国家、社会都给予了特别的关注，您觉得这是为什么？这种特别的关注，对于你们开展工作有什么比较有利的地方？具体表现在哪些方面？

答：我觉得，独龙族是56个民族中的"直过民族"和人口较少民族之一，习近平总书记说，56个民族，要实现全面小康，一个也不能少。所有独龙江发展取得的成绩，都离不开党中央和社会各界对我们关心和支持。独龙江乡是云南脱贫攻坚中最难啃的"硬骨头"之一，由于历史原因，造成整族的贫困状况十分严峻。习近平总书记一直关心我们独龙江乡，关心我们独龙族，我们把这份关心惦念化作奋斗的动力，奋发图强，在共同富裕的道路上，坚决不掉队。因此，党中央和省委、省政府给予了高度重视，制定了符合当地发展的政策，并且派出了一批能吃苦、敢担当、不计得失、甘于奉献的扶贫干部。

9. 2014年4月10日，独龙江隧道的全线贯通，数千年因大雪封山阻隔的历史彻底结束，这意味着什么？对于独龙江乡的人民群众，对于怒江的老百姓，对于您而言呢？

答：独龙江隧道是独龙江发展的生命线和大动脉。隧道的贯通，意味着独龙江群众的发展跟上了时代的发展步伐；意味着党的好政策，我们独龙江乡的干部是认真贯彻落实了；意味着群众对我们党的干部评价更高了；意味着独龙族人民听党话、跟党走的信心和决心更加坚定了。

10. 从新闻上,我们看到了独龙江过去道路艰难险阻的无数报道,请从您的角度,给我们介绍下过去独龙江乡基础设施的情况,可以是您亲身经历的一些例子。

答:记得那是在2013年,我从独龙江乡出来到县城开会,返回途中,道路被泥石流冲垮了,我们被堵在深山里,只能在车里睡,等到第三天才把路修通了。一次面积不大的泥石流,就让我在返回独龙江乡的路上花了3天的时间,可想而知,当时以交通设施为代表的独龙江的基础设施是多么落后。

11. 搬得出、稳得住、能致富是我们易地扶贫搬迁的原则。稳得住、能致富是长期的工作。针对易地扶贫搬迁群众,在产业帮扶、社会治理、教育等方面我们有哪些举措?

答:在产业发展方面,规模最大也是最能让群众收入提高的一项就是草果的种植。2012年的时候,独龙江草果种植面积不是很大,收入也少,一些群众积极性也不是很高。在我们认真论证和动员下,开展草果种植技能培训和扩大草果种植面积,到2016年的时候,有些家庭种植草果的收入已经高达10万元了。教育方面,我们从学校基础设施建设和控辍保学抓起,在马库、迪政当、献九当等村委会都建盖了学校,到2018年的时候,基本实现了一村一校,解决了独龙族孩子们上学难的问题。同时,我们通过"大手牵小手、小手拉大手"的方式,狠抓家庭教育,向独龙族群众不断灌输教育的重要性。通过几年的努力,独龙族群众都很重视教育了。到2018年,基本实现了零辍学的目标。在社会治理方面,我们创新开展了"一周三活动"和"党员包户"责任制。说白了就是两个方面的内容:一个是在独龙江乡每个村委会都开办了农民夜校,让独龙族群众每个星期都来听课,内容是宣传政策、培训技能、宣传教育法和其他法律法规。另一个就是让村里的每个党员，负责包1—5户的群众，定期了解群众的生产生活情况，定期为群众解决1—2件实事，也就是开展为民办实事活动了。

12. 精准扶贫精准脱贫工作开展中，您认为独龙江乡面临的最大困难是什么？能否具体说明？

答：一个是基础设施建设。比如独龙江雨季比较长，拉材料不是很方便，有时候项目的工期就拖长了，在外面一个月干完的项目，在独龙江估计需要半年才能干完。另一个就是群众的素质提升工程。为了动员孩子上学，一户群众家，我至少动员了10遍，才把孩子动员到学校。

13. 面对这些困难，我们是怎么克服的？您认为这些举措当中，最重要最核心的举措是什么？

答：在独龙江乡当干部，需要耐心和决心。要明白我们来这里是来干工作的，是来为老百姓谋幸福的，不是来村里败家子的。所以在工作的时候，要设身处地地为老百姓的需求着想，要亲力亲为做示范。最最关键的因素是，心中要有信仰，心中装着群众，只要这样，什么困难都能克服，什么事情都能办好。

14. 我们了解到，独龙江乡在产业发展上，草果的种植是重要的支柱产业，那当初我们为什么会选择种植草果而不是别的作物呢？在草果产业发展的初期你们遇到了哪些困难？是如何克服的？

答：这个说来话长，这是进行了很长时间的论证的。独龙江第一棵草果是老县长引进的，好像是在1987年左右。后来引进了一些草果，在独龙江长势也不错，草果就适应独龙江这样的生态环境。市场价格也不错。那么在这样的条件下，既能够保护生态，又能让群众增加收入，所以就选了草果。当时最大的困难，就是很大部分群众的积极性不是很高。比如一些村庄草果长势还可以，但似乎熬不过霜冻，冬天枝叶就枯死，夏天又重新发芽，如此循环往复，最终也没能开花结果。所以我们在发展草果种植的过程中，意识到要因地制宜，要结合当地的气候、土壤等特点，发展多样性的特色种植。当然在草果种植上，由政府牵头与农业企业合作对草果进行深加工等，提升了草果的附加值，由此来提高农民的收入，提升农户的种植积极性。

15. 从您初入独龙江乡到如今，您觉得独龙江乡最主要的变化体现在哪些方面？

答：这十多年来，变化就多了。比如基础设施越来越好了，群众收入越来越高了。但让我谈最大的变化的话，还是人的思想发生了巨大变化。所以，我经常跟同事讲，脱贫攻坚是一场改变群众素质的大变革。脱贫攻坚不仅脱去了物质上的贫困，更是脱去了思想和精神上的贫困。以前很多老百姓就没有和外地的企业一起合作从而达到增收致富的想法，但是现在有些老百姓已经和外地的茶商签订了合同。这些都是独龙江乡变化的点点滴滴。现在独龙江乡群众的素质越来越高了，甚至可以同怒江州发展得好的地方的群众，比如兰坪的群众，处在同一起跑线上了。

路途中要翻越雪山垭口，冬季时大雪封山无法翻越垭口的时候，独龙江与外界的交通就完全中断了，要经历长达半年的封山期。夏季时候多雨，地质灾害也比较多，堵起车来通常都要两三天的时间，并且从山下到山顶要经历四季的气候。独龙江隧道的打通不仅缩短了通行距离，也不用再去翻越雪山垭口了。在修建独龙江隧道的过程中,除了受气候条件的影响外,由于地质比较破碎,渗水严重,还有原有的独龙江公路等级比较低,大型的机械运不进来,所以打通公路用了4年的时间。修建好的独龙江隧道里面有照明系统、排水系统、消防系统,还有应急呼救系统,双向两车道,全长6.68公里。隧道修通后,改变了独龙江封山半年的历史,公路沿线都做了雪棚洞、防撞墙和防护栏。

第二次访谈

时间:2022年11月6日

地点:怒江州文化和旅游局

余书记,感谢您接受我们的第二次访谈。

1. 对于您而言,在独龙江乡担任干部的经历,带给您最大的收获是什么?

答:最大的收获就是,心中有信仰,心中有群众,便能战胜一切艰难困苦。

2. 如今作为怒江州文旅局的主要领导,站在职能职责的立场上,您认为独龙江乡未来的产业发展,尤其是在旅游产业的发展上,应该从哪几方面入手,或者说您是否有过什么规划?

答:独龙江未来旅游发展也很有希望,一个是继续提升旅游基础设施建设,另一个是打好独龙江"神秘"这张牌,挖掘独龙江的文化元素,开发一些独龙江独一无二的旅游体验产品。怒江是大滇西旅游环线黄金线的重要部分,也是大滇西地区观赏高山峡谷的最佳区域之一,要以世界级的眼光审视怒江旅游发展。要编制全域旅游、产品业态、半山酒店、国家步道等专项规划策划，健全文化旅游规划体系。比如将怒江地域特色农业产业与旅游业充分融合，集生产加工、观光度假、科普教育、休闲体验、康养娱乐于一体，以庄园经济带动乡村旅游和乡村经济的发展，着力塑造典型，以庄园经济助推旅游与乡村振兴深度融合，拓展旅游的多功能性。全面梳理文化资源，提高旅游综合品位，以"旅游+演艺""旅游+非遗"等方式，把更多文化内容融入旅游发展，将文化符号注入景区景点，融入衣食住行各方面、游购观娱各环节，培育发展一系列个性化专业化旅游业态，提供个性化、特色化、多样化消费产品。

3. 如今，我们独龙江乡已经取得了脱贫攻坚的重大成果，但是如何防止规模性返贫是我们需要关注的。在如今的时间节点上，您认为防止独龙江乡人民规模性返贫的重点在哪些方面？

答：第一个是需要紧盯群众收入问题，通过各种发展途径提升群众收入。比如，加强对于低收入人群能力的建设。对具有能力提升潜力的返贫高风险人群，根据影响其返贫风险的主要能力制约因素，因人因户制宜，选择针对性措施，开展预防返贫的干预。对于缺乏技能的低收入农户，采取提供技术培训、支持参加职业教育等方式，提高从业技能；对于生产经营效率低、市场风险大的产业帮扶户，采取引入农业龙头企业、专业合作组织帮助等方式；对于就业不稳定人员，要加强其就业能力，提高就业稳定性。第二个是完善对返贫高风险人群的社会保障。脱贫攻坚胜利以后，大部分返贫都可以通过加强社会救助来解决。要适应脱贫攻坚结束后返贫风险的变化和防范化解返贫风险的需要，完善对返贫高风险人群的社会救助安排，防止返贫。另外，要狠抓教育，培育一批独龙族后备人才，提升人们的整体素质，方可解决独龙江的发展问题。

4. 相较于前一阶段的脱贫攻坚而言，党和国家在资源、资金的投入上有所下降。在乡村振兴这一阶段，如何发挥我们独龙江乡的内生动力，使独龙江乡持续发展是关键。就此您怎么看？

答：我认为最关键的是要积极培育主体意识，真正让农户"内化于心，外化于行"。比如，在产业发展上，无论是产业规划设计阶段，还是规划实施阶段，都应该完善相应机制，畅通群众交流通道，打造百姓参与平台，让农户真正参与进来。农户不仅应该成为产业发展的受益者，而且应该成为产业发展的参与者，从而实现政府主导与农民主体的有机结合。此外，在发展中，不断提升群众素质，改变群众的发展观念，让群众积极参与到各项建设中来，提升群众发展的自主性，这才是独龙江持续发展的根本。

5. 在乡村振兴上，独龙江乡面临的主要困难有哪些？应该从哪些方面更好地实现独龙江乡的振兴？

答：一是基础设施问题，有些基础设施亟待提升。二是继续开展群众素质提升行动，抓好独龙江的教育。三是在继续巩固好现有产业的基础上，积极谋划其他能够做得出来且做得好的产业。

高山流水(罗金合 摄)

参考文献

［1］中共中央党史和文献研究院：《习近平扶贫论述摘编》，中央文献出版社，2018年8月版。

［2］雷振杨等：《坚持和完善中国特色民族政策研究》，中国社会科学出版社，2014年8月版。

［3］祝慧、莫光辉、于泽堃：《新发展理念与少数民族地区精准扶贫的契合及实践策略：精准扶贫绩效提升机制系列研究之四》，《改革与战略》2016年第12期。

［4］中共云南省委党校（云南行政学院）课题组、霍强等：《中国贫困治理的制度优势、理论创新与世界贡献：独龙族整族脱贫、全面小康的例证》，《中共云南省委党校学报》2022年第3期。

［5］唐任伍、肖彦博、唐常：《后精准扶贫时代的贫困治理：制度安排和路径选择》，《北京师范大学学报（社会科学版）》2020年第1期。

［6］傅夏仙、黄祖辉：《中国脱贫彰显的制度优势及世界意义》，《浙江大学学报（人文社会科学版）》2021年第2期。

[7]崔震：《从"精准扶贫"来看独龙族人的生产生活变迁》，《今日民族》2017年第12期。

[8]高志英：《20世纪中国边疆"直过"民族教育观念变迁研究：以云南独龙族为例》，《华东师范大学学报（教育科学版）》2007年第3期。

[9]丁明、焦云萍：《云南独龙族生育健康现状分析》，《中国优生与遗传杂志》1996年第S1期。

[10]李涛、卢文祥：《独龙江乡扶贫攻坚与跨越发展之路》，云南人民出版社，2016年3月版。

[11]姚雪兰、梁荣欣、陈树熙：《浅谈云南省独龙族整族脱贫致富的实例及经验启示》，《才智》2022年第15期。

[12]潘道广：《脱贫攻坚战彰显中国制度和治理体系六大优势》，《常州大学学报（社会科学版）》2020年第6期。

[13]郭春甫：《东西部扶贫协作的辐射带动与"溢出"效应研究》，《重庆行政（公共论坛）》2021年第3期。

[14]蒋和胜、邹涛、李小瑜：《积极探索建立稳定脱贫长效机制》，《光明日报》2020年9月11日第11版。

[15]王晓飞：《中国人口较少民族的贫困问题及扶持政策研究》，中央民族大学，硕士学位论文，2012年。

[16]杨艳：《云南贡山独龙江乡的扶贫与发展研究》，中南民族大学，博士学位论文，2018年。